KB153561

앞으로 10년
경제 대위기가 온다

| 앞으로 10년 |

경제 대위기가 온다

정동희 지음

책들의 정원

다른 시각과 방법론으로
미래 전망에 접근하다

다들 한번쯤은 퍼즐에 몰두한 경험들이 있을 것이다. 신문의 구석 자리에 있는 '단어 맞추기 퍼즐'부터 '정육면체 퍼즐', '그림 모자이크 퍼즐' 등 퍼즐의 형태는 다양하다. 이 퍼즐을 시작하면 꼭 끝까지 다 완성하겠다는 각오와 인내가 나도 모르게 생기게 된다. 장기적인 측면에서 한국 경제를 분석하는 것 또한 퍼즐을 맞추는 것과 비슷하다. 나는 하루 24시간 중 현재의 시간 위치를 쉽게 지각할 수 있는 시계 바늘에 비유한 '경제 시각'이라는 새로운 분석 툴로 분석한 바 있으며, 《앞으로 10년 경제 대위기가 온다》는 한국 경제 분석 퍼즐의 최종을 논하는 이야기라고 할 수 있다. 탄생·성장기·사춘기·신체 나이 최고전성기·시련기·성숙기·노후기 등을 시각으로 비유해서 한국 경제를 바라보면, 정오 12시를 경제 장기 사이클의 최고점으로 비유할 수 있고, 이 클라이맥스를 지났는지 여부에 분석의 초점이 먼저 모이는 장점이 생긴다.

나는 증권사 애널리스트 출신으로 최근 10여 년간은 중소기업의 현장을 겪어 왔다. 덕분에 '한국 경제 향방'을 애널리스트의 시각을 뛰어넘어 더 큰 시각으로 바라보고 고민하는 시간을 가질 수 있었고, '한국 경제'를 분석하여 2032년까지의 완성된 전망을 선보이게 되었다.

보일 듯 말 듯 광활한 수평선과 같은, 조금은 먼 미래인 2032년까지의 경제 전망을 왜 지금 제시하려는 걸까? 그건 바로 한국 경제에 있어 2020년에서 2032년까지의 시기는 한 카테고리로 묶을 수 있는 공통점이 많다고 판단되기 때문이다. 즉, 2020년에 시작하는 경제 퍼즐 게임이 2032년에 완성될 가능성이 높다는 말이다. 우리 앞에 날씨가 좋은 날에는 수평선 너머 저 끝이 살짝 보일 것 같은 큰 호수가 있다고 가정하자. 이 호수를 어떻게 건널 수 있으며, 호수 반대편의 풍경은 과연 어떠할까?

경제 현장에서 전후방으로 뛰어다니는 중소기업의 경영자로서 10여 년간 저 호수 반대편의 모습을 다각도로 상상했다. 중요한 키포인트를 하나 먼저 이야기하면, 2026년과 2032년 사이에 한국은 경제적으로나 국제 관계에 있어서 매우 큰 위험에 노출될 가능성이 높고, 그것은 개인도 마찬가지다. 이는 우리가 일상적으로 생각하는 수준 이상의 고위험이 예상되는데, 반대로 이 위험을 잘 이겨낸다면 반사 이익도 상당할 것이다. 이는 국가 차원의 대박으로 비유될 수 있는 상태이며 극적인 상황을 전환시킬 수 있는 시나리오도 준비되어 있다.

아무도 없는 집에 도둑이 들어왔다고 가정해 보자. 예를 들어, 서울 강북 소재 27평형 복도식 아파트의 빈 집이 도둑을 맞았다. 요즘 세상에는 일반적으로 500만 원 이상 도둑 맞기 어렵다. 전자제품을 가져가기에는 크기가 크고, 현금을 집에서 찾기도 어려워서 장롱 구석의 귀금속 일부 정도가 실질적으로 도둑이 가져갈 수 있는 평균 범위일 것이다. 그러나 주변의 이야기를 들어보면 2,700만 원을 도둑맞았다고 한다. 대체 어떻게 된 일일까? 그건 바로 '보이스 피싱' 때문이다. 500만 원은 통장에 있는 돈이었고, 2,200만 원은 보이스 피싱에 당해 카드로 대출된 금액이다. 도둑과 통화하면서 눈 뜨고 2,700만 원을 털린 것이다.

우리는 그동안 많은 사람들로부터 미래 전망을 들어왔다. 많은 경우 서양의 현인 및 지식인이 미래 전망한 경우가 많아 글로벌 측면에서 큰 그림을 그리는 데 도움이 될 수 있었다. 나는 미국의 경제시각이 현 시점 오후 1시를 가리키고 있다고 판단하고 있다. 반면 중국의 경제시각은 오전 11시 부근으로 추정한다. 즉, 미국은 장기적인 경제 사이클이 최고 전성기를 지났을 가능성이 높은 반면에, 중국은 장기적인 경제 사이클의 전성기가 앞으로 다가올 가능성이 높다고 볼 수 있겠다. 그만큼 현 시점은 자국의 경제 현상에 근거하여 미래 전망의 필요성이 더 부각되고 있다. 서양 현인의 전망을 한국에 실제로 적용하기 위해서는 추가적인 사례와 함께 깊은 고찰이 필요하다는 것이다. 최근 들어 한국의 지식그룹에서도 미래 전망을 하는 경우가 증가했고, 아무래도 '예상의 현지화'라는 측면에서는 긍정적이다.

나는 이에 더해 기존의 미래 전망과는 판이하게 다른 접근 방법으로 미래를 논하려고 한다. 시중에 나와 있는 모든 전망은 '미래에 무엇을 더 얻을 것인가?'에만 접근 방법이 국한되어 있다고 판단된다. 반면 필자는 '미래에 무엇을 더 잃을 것인가?'라는 색다른 접근 방법으로 논하려 한다.

앞에서 도둑 이야기를 했다. 우리는 주머니에 몇만 원만 넣고 다니면서 도둑에게 털릴 경우 몇 만원 하고 시계 정도 추가로 더 털릴 것이라고 관성적으로 생각하기 쉽다. 그런데 도둑은 떡 하니 얼굴을 노출하고 칼을 들이대며 당신의 돈을 털어가는 게 아니라, 모습도 드러내지 않고 소위 '대포폰'을 통해 2,700만 원을 감쪽같이 털 수도 있다. 결국 우리는 카드의 편리함만 생각하지, 경우에 따라서는 카드를 통해 거액의 돈을 털릴 수 있다는 위험은 전혀 생각하지 못하고 다닌다.

리스크risk, 즉 위험의 반대말은 무엇일까? 돈을 논하는 미국 재무관리에서는 리스크를 불확실성uncertainty과 거의 유사하게 접근하고 있는 실정이고, 따라서 리스크의 반대어는 재무관리 측면에서는 확실성 certainty이 된다.《앞으로 10년 경제 대위기가 온다》에서는 리스크를 '우리가 털릴 수 있는 돈' 내지 '우리가 잘 모르게 실제로 털리는 돈'이라는 관점에서 정의하고 접근할 예정이다. 따라서 이 책에서 리스크의 반대어는 '안 털리고 보존할 수 있는 우리의 돈'이 되겠다.

다소 방어적 성격이 강하므로 일종의 공격성을 일부 가미하여 '우리가 오히려 털 수 있는 돈' 내지 '우리가 상대방 모르게 실제로 털고 있는 돈'을 리스크의 반대어로 생각해 보기로 하자. 그렇다고 우리가 도둑이 되자는 의미는 아니다. 다만 우리가 가진 돈을 자신도 모르는 사이에 도둑 맞는 상황을 방지하려면 상대방이 어떻게 돈을 훔쳐 가는지, 그 방법을 알아야만 한다는 점을 강조하고 싶다.

자세한 내용은 추후 다시 거론하기로 하고, 미래를 예측하는 새로운 방법론인 '우리가 미래에 털릴 수 있는 돈'에 대한 얘기로 돌아오자. 2032년이라는 수평선 너머 시점에서 누가 우리의 돈을 털어가는지를 집중적으로 고민하면, 훨씬 더 정확도 있고 구체적인 우리의 미래상이 그려질 것이다.

이런 질문에 답하기 위해서는 거꾸로 '현 시점에서 누가 우리의 돈을 (몰래) 털고 있는지'를 살펴보는 작업부터 거꾸로 필요함을 암시한다. 자, 현재 누가 우리의 돈을 털고 있을까? 이제부터 차근차근 알아보기로 하자.

2019년 11월

정동희

차례

3장 2032 한국의 미래

4장 경제 불황이 전쟁 가능성을 촉진시킨다

5장 두 번의 위험과 두 번의 기회

6장 2032 제조업 트렌드

7장 2032 한국 경제 생존 전략

8장 혼돈의 격변기에서 기회를 잡아라

2020-2032
국제전망

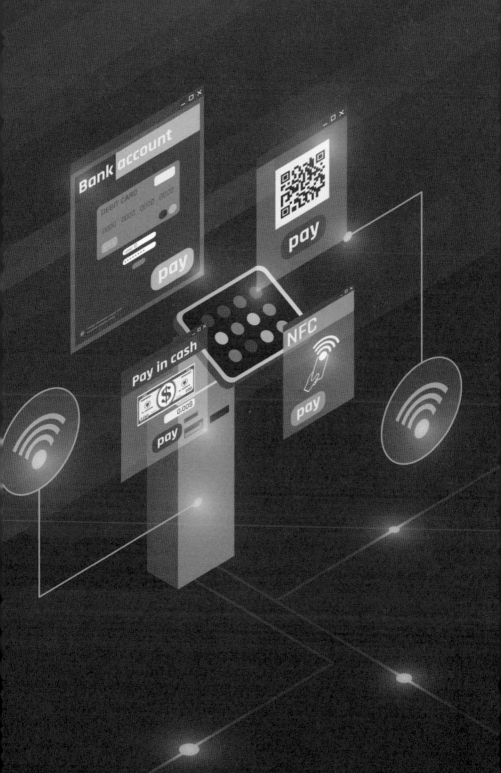

리트머스 시험지 성격의
2019년 글로벌 이슈

2018년 여름, 미중 무역전쟁이 본격화되었다. 미국의 도널드 트럼프Donald Trump 대통령은 대통령 선거 당시 중국산 제품에 45%의 관세를 물리겠다는 공약을 내세웠던 바대로 2018년 7월 6일 340억 달러 규모의 중국산 수입품에 25% 관세를 부과했다. 중국도 가만히 있지 않고 농산품, 자동차 등에 미국과 똑같이 340억 달러 규모에 25%의 보복성 관세를 부과했다. 그러자 2018년 7월 16일 미국도 관세 미집행분 160억 달러를 발표하며 무역전쟁을 가열시켰다. 또한 2018년 9월에 미국은 2,000억 달러 규모 관세를 발효했으며 중국도 600억 달러 규모의 추가 관세를 발효하였다. 이어 10월에는 미국 원유의 중국 수입이 중단되는 조치가 이루어졌다.

이런 와중에 통신장비 제조사 화웨이와 같은 중국 기업이 국가 기밀을 빼돌린다는 혐의가 제기되며 2019년 1월 부품 금지 법안이 발의되었고, 2019년 5월 화웨이 및 계열사 거래 제한과 더불어 3,000억 달러 규모의 관세 품목에 휴대폰과 태플릿 PC 등이 추가된다.

2019년 6월 오사카에서 열린 정상회담에서 연말까지의 잠정 휴전 약속했지만 두 달을 넘기지 못하고, 8월에 3,000억 달러 규모의 관세 보복이 미국에 의해 이루어진다. 동시에 중국을 환율조작국으로 지정한다. 이에 중국은 국유기업이 미국 농산물을 수입하지 못하게 조치했다. 2019년 9월에도 미국이 1,000억 달러 규모의 관세 보복을 감행하며 미중 무역전쟁은 해결의 기미 없이 지속되고 있다.

미중 무역전쟁의 1차적인 원인은 미국이 중국에 대한 만성적인 무역적자를 보이고 있다는 것과 이 적자 규모가 계속 증가세를 보인다는 데 있다. 이런 까닭에 트럼프는 후보 시절부터 '중국이 미국의 일자리를 빼앗아갔다'며 열을 올렸고, 중국이 '공정 무역'을 독점력을 활용해 저해하고, 자국의 지적재산권을 침해하여 미국 산업 성장이 원천적으로 제한되고 있다는 견해를 계속 주장했다. 미국의 일자리 감소와 불평등 확대의 원인을 미국 내에서 찾지 않고, 오로지 중국이 만든 미국 무역적자 확대에 모두 돌리는 정치 논리가 가미된 결과물이 바로 미중 무역전쟁인 셈이다.

이러한 비非 경제 논리는 한 단계 더 심화되어 통신장비 제조사 화웨이 등 중국 IT기업이 미국의 국가 기밀을 빼돌린다는 혐의까지 퍼지며 국제적인 이슈가 되었다. 통신사업은 구조적으로 처음에는 공생관계를 지니다가 어느 시점에서는 자체 장비로 프로세서를 제조해야 된다. 그런데 중국 기업인 화웨이가 이 단계까지 이르자 트럼프 대통령은 전산망에 침투해 정보를 빼돌리는 장치인 백도어backdoor를 심는 방식으로 화웨이가 기술을 빼돌렸을 가능성이 있다는 것만으로 국가 비상사태를 선포했고, 미국의 민주당마저 초당적으로 이 선포를 지지했다. 미국은 미중 무역전쟁을 통해 다음과 같은 세 마리 토끼를 잡으려는 것으로 보인다.

첫째, 경제적인 측면에서 더 이상 미국과 중국의 갭이 축소되는 추세를 막고 싶은 심리를 바탕으로 한 '중국의 경제 대국화 견제'이다.

둘째, 미국의 실물경제 활성화의 답보로 인해 창출되는 일자리가 제한되자 정치적으로 다른 차원의 일자리를 창출하기 위한 시도이다. 쉽게 말하면 자국 경제 부흥책을 시행한 것이다.

셋째, 정보기술 · 우주항공 · 바이오 의약품 등 10대 핵심 제조업의 질적 성장을 꾀하는 '중국 제조 2025Made in China 2025'를 견제하기 위함이다.

이외에도 미국으로부터 확보한 중국의 무역수지 흑자를 미국을 위해 사용하거나 투자하라는 간접적인 메시지도 포함된 것으로 판단된다. 이러한 미중 무역전쟁은 2020년 11월에 실시되는 미국 대통령 선거 결과에 따라 끝이 날 수 있을까?

향후 미중 무역전쟁의 전개 방향을 보여주는 단서는 이미 2019년 여름에 나타났다고 판단된다. 오사카 G20 회담처럼 많은 국가가 바로 옆에서 지켜보고 있을 때는 대국大國이라는 걸 보여주는 차원에서라도 양국의 무역전쟁을 끝낼 수 있다는 제스처를 취할 수 있다. 하지만 돌아와서 자국의 현실을 직시하고 있으면 다시 상대국밖에 안 보이기 시작하며 무역전쟁은 재개된다.

결국 2019년은 국제적으로 향후 10여 년 국제 이슈의 중요 단서를 리트머스 시험지처럼 하나하나 보여주었다고 평가할 수 있다. 리트머스 시험지로 산과 염기를 쉽게 구별하듯이, 2019년에 지속된 미중 무역전쟁이 '선택할 수 있는 성격'인지 아니면 '불가피한 성격'인지를 먼저 판별해야 한다. 만약 '피할 수 있는 충돌'이라면 일차적으로 예상되는 충돌을 피하는 게 상책이다. 반면에 불가피한 분쟁이라고 분석되면, 그 갈등의 종착역은 어디인지 그 다음 단계의 그림을 그려야 한다.

리트머스 시험지로는 산과 염기만을 구별할 뿐 정확한 수소 이온 농도 지수pH를 알 수는 없다는 단점도 있어 'pH 측정기'라는 장치를 사용한다. 마찬가지로 《앞으로 10년 경제 대위기가 온다》는 장기적인 국제 전망을 바탕으로 한국의 생존 전략을 찾는 일종의 'pH 측정기'와 같은 성격을 가지고 있다. pH 측정기가 물질과 전기와의 관계를 이용하여 그 물질을 분석하는 전기화학 장치라면, 이 책은 세계 각국의 힘의 역학 관계를 이용하여 한국의 전략을 찾아내는 분석 접근법이다. 한국의 생존 전략을 찾아내기 위해서 전제되어야 하는 질문이 있다.

미국과 중국의 무역전쟁을 피할 수 있는 길이 있을까?
한국과 일본의 경제분쟁을 피할 수 있는 길이 있을까?

만약 미국의 2016년 미국 대통령선거 결과가 실제와 다르게 나타나 공화당이 아니라 민주당이 집권했다고 가정한다면, 미국과 중국의 무역전쟁이 없었을까?
만약 한국의 지난 대통령선거 결과 실제와 다르게 나타났다고 가정한다면, 한국과 일본의 경제분쟁은 없었을까?

이러한 질문과 마주하면 2019년에 긴박하게 벌어졌던 국제 이슈의 본질이 살짝 엿보인다.

나의 견해는 '장기적인 관점에서 봤을 때 결국 부딪쳐야 될 무역 및 경제분쟁이 2019년에 나타났을 뿐'이라는 것이다. 미국의 민주·공화 양당 모두 트럼프 무역전쟁을 지지하고 있었던 모습에서 그 시사점을 얻을 수 있다.

　2016년 미국 대통령 선거 결과가 바뀌어서 지금과 달리 민주당 힐러리 클린턴이 사상 첫 여성 대통령이 되었더라도 미중 무역전쟁은 결국 일어났을 것이라고 본다. 왜냐하면 미중 무역전쟁 자체가 양국의 생존 전략이 병립할 수 없다는 걸 의미하며, 특히 그 내면 구조를 들여다보면 향후 10년은 철저하게 경쟁 관계가 될 것임을 알 수 있기 때문이다. 중국의 양적 성장까지는 동반 관계가 가능했으나 질적 성장을 방관하여 중국이 서방으로부터 기술에 대한 완전 독립을 할 경우, 미국의 국가전략이 흔들릴 수 있다고 미국은 판단하고 있다.

　미중 무역전쟁은 그래도 남의 나라 이야기라서 감정이 이입되지 않겠지만, 한일 경제분쟁은 바로 우리들의 이야기라서 감정이 저절로 이입하게 된다. 그래도 경제 분석 관점에서 냉정하게 한일 분쟁을 분석해 보면, 2017년 대통령 선거에서 선거 결과가 다르게 나타났다고 하더라도 시기적으로 약간의 차이가 있거나 시작의 원인이 되는 사건은 다를 수 있더라도 결국 이 충돌은 언젠가는 일어났을 것으로 판단된다. 그렇기 때문에 이것을 해결하기 위해서는 장기적 관점에서 강구

해야 한다.

미국과 중국의 경제를 '경제 시각' 관점에서 큰 그림을 그리며 분석하면, 향후 10여 년 동안 벌어질 긴박한 정세 변화가 저절로 그려지게 된다. 그리고 멀고도 가까운 이웃나라 일본이 향후 장기적인 세계 정세의 변화에 대한 포석 차원에서 움직이고 있음을 알게 된다.

· 쫓는 사람과
· 쫓기는 사람

　현재의 국제 이슈들 속에 다양한 사건들이 중첩되지만, '쫓는 사람과 쫓기는 사람'의 심리를 생각해보면 의외로 단순해진다. 쫓기는 사람의 조급한 심리가 그대로 2019년에 시작된 한일 분쟁에도 숨어 있으며, 미국과 중국의 무역 분쟁도 마찬가지이다. 일본은 한국을 경쟁 상대로 보지 않았다. 그래서 한동안 중국에만 신경을 썼다. 중국에게 모든 면에서 순차적으로 추월당하고 나서도 몇 년간은 좀처럼 시선을 옆으로 돌리지 않았고, 한참 동안 '중국보다 우월했던 일본의 지난 시절'만 회상했다. 그런데 정신을 차리고 보니 한국의 국내 정치 환경이 급변하여 한국의 정세를 읽기 위해서는 한국만 봐서는 안 되고 북한과의 관계라는 측면에서도 살펴봐야 한다는 것을 알게 된다. 그리고 뒤늦게 인식한 한반도 카테고리는 거기서 끝나지 않고, 중국과의 연관성도 대비해야 된다.

한국의 미디어들은 사건 분석event anaysis 관점에서 한일 관계를 조명하는 양상이다. 나는 한일 분쟁이 촉발된 것은 징용 피해자인 이춘식 할아버지의 신일철주금을 상대로 한 소송 판결 등이 원인이 되었다기보다는 일본이 장기적으로 생존하기 위해서는 한일 분쟁을 일으킬 필요가 있기에 전략적인 차원에서 행해진 것이라고 생각한다. 베트남전쟁의 발발 원인을 사건 분석 관점에서 보면 미 구축함을 공격한 통킹만 사건으로 봤었지만, 시간이 한참 지난 후 이 사건이 조작된 사건이라고 펜타곤 문서를 통해 밝혀진 것처럼 사건 분석에는 한계가 있다. 작금의 한일 분쟁은 일본의 중국에 대한 장기적인 대항 전략의 피벗 테스트pivot test, 초기 진단테스트의 일종 차원에서 일으킨 것이라고 판단된다.

이러한 잠재적인 연관성 때문에, 일본은 한일 분쟁의 불을 지피고 있는 셈이다. 감정적인 차원에서의 장기를 한 판 두는 게 아니라, 일본은 장기적인 포석과 전략을 생각하며 외교 및 경제 분쟁의 한 수를 둔다고 판단된다. 우리나라도 다람쥐 쳇바퀴 도는 식의 반사적인 대응이 아니라, 대한민국의 장기적인 전망과 생존 전략을 생각하며 다음 포석을 고민해야 한다는 말이다.

미국과 중국의 관계도 2002년까지는 일본이 한국을 바라보는 것과 크게 다르지 않았다. 그러나 미국이 리먼 브라더스 사태 이후 자국의 금융시스템 응급 처리에 열중하고 통원 치료로 옮겨 갈 즈음에 중국의 맹추격이 예상보다 일찍 시작되었음을 피부로 실감하게 된다. 미디어가 전달하는 뉴스나 기사들을 보면 미중 무역협상의 의제와 추가 관세 여부에만 시선이 가게 되지만, 미국과 중국의 경제 규모 차이가 줄어든 것과 향후 경제의 추세를 염두에 두고 '근본적인 양국이 가진 힘의 역학 구도' 측면에서 바라보면 제3자에 해당하는 한국의 생존 전략을 떠올릴 수 있을 것이다

한국 경제의 지난 시절을 돌이켜 보면 경제적 측면의 최고 호황기가 IMF 경제 위기 이전에 지났음을 확인하게 되고, 그만큼 미래 장기전망의 중요성을 인식하게 된다. 동시에 글로벌 측면에서의 장기적인 흐름 전망도 어느 때보다 중요하다고 본다.

향후 미국 정책의
방향성

왜 미국 공화당 비주류가 집권했는지를 살펴보면, 향후 미국 정책의 방향성을 알 수 있다. 민주당 버락 오바마^{Barack Obama} 전 대통령의 8년 집권 이후, 순서상 공화당이 유리하게 된다. 또한 민주당 대선 주자가 힐러리 클린턴으로 예상되는 시점이었는데 남편인 빌 클린턴^{Bill Clinton}이 이미 8년 동안 대통령 집권을 한 터였기에 이번에는 공화당 차례라는 시각이 팽배했다. 공화당 주류에서는 처음부터 도널드 트럼프를 싫어하는 표정을 숨기지 않았다. 버락 오바마 이전에 조지 부시^{George Bush} 전 대통령이 집권했던 만큼, 공화당 주류는 석유 사업가에서 정치가로 변신한 부시의 석유 자본 논리에 더 익숙할 수 있다. 그리고 국제 질서 재편에서 주도권을 유지하기 원했을 것이다.

그런데 도널드 트럼프가 미국과 멕시코 국경에 불법 이민자들을 못 들어오게 하는 견고한 장벽들을 세워야 한다며 핏줄을 세우면서 주장하니 공화당 주류는 불안하기 그지없었다. 하지만 그들의 우려와 상관없이 트럼프는 당 후보 경선에서 공화당 역사상 최다 득표를 기록하여 절대적인 지지를 받았다. 미국 국민들은 공화당원이 아니더라도, 공화당 비주류인 트럼프의 비교과서적인 주장에 매우 공감했기 때문에 이런 현상이 나타났다고 판단된다.

결국 앞으로 트럼프가 재선을 못 하고 민주당이 다시 집권하더라도 향후에 이러한 비교과서적인 주장이 상당 기간 변형되어 지속될 가능성이 높다. 그렇다면 미국의 향후 장기 정책의 방향성은 어떠할까?

첫째, 미국의 이익을 최우선하는 미국 우선주의 관성이 보호무역주의 형태로 지속될 것이라고 예상된다.

둘째, 군사적 측면에서 과거 영국과 미국의 패권주의 접근보다는, 평화 시에는 동맹국과의 방위비 재협상 카드를 남발할 수 있고, 비상시에는 미국의 이익을 우선으로 하는 군사 전략이 수행될 수도 있다.

셋째, 중국 이외의 국가에는 비간섭주의, 그러나 중국에 대해서는 견제주의 접근이라는 이원적 흐름이 예상된다.

미국은 더 이상 '세계의 경찰' 역할을 자처하지 않을 가능성이 높다. 미국의 지배층은 현재의 미국 경제 회복세가 실물 경제의 경쟁력 확보와 같은 실질적인 요인 위에 있는 게 아니라, 단기 처방책으로 활용한 양적 완화라는 금융 정책의 부수 효과라는 걸 누구보다 잘 알고 있는 듯하다. 이는 그 회복의 약효가 장기적이지 않다는 걸 의미하며, 미국은 앞으로 국내 경제 문제에 자원을 더 할당해야 됨을 시사한다. 미국이 과거처럼 글로벌 금융시장을 좌지우지하는 세계 기축화폐 발행국가로서의 배타적 지위를 유지하기 힘든 구조로 변화될 것이기 때문이다.

일본의 리쇼어링과
공격형 방위 증가에 대비해야 한다

2017년 세계 국방 예산 순위를 보면 한국이 10위로 당시 국가 GDP 순위 11위와 엇비슷하다. 반면 일본 국방 예산은 세계 7위권으로 국가 GDP 순위 3위인 것과 차이가 많이 난다. 그만큼 국방 예산을 증액할 능력이 된다는 것이다. 일본은 1976년부터 방위 예산을 GDP 1% 이내로 제한하는 일본 내각의 결정을 지켜왔다. 그 테두리 내에서 2012년 이래 7년 연속으로 방위 예산을 증가해 왔는데, 2017년에 자민당은 북대서양조약기구NATO의 국방 예산 가이드라인인 'GDP 2%' 수준 방위 예산 확대를 제안했고, 아베 신조安倍晋三 총리도 예산위원회에서 1976년의 각의 결정에 더 이상 얽매이지 않겠다는 입장을 천명했다.

소액 증가된 2019년 국방 예산 세부 내역을 보면, 공격형 군사전략에 필요한 무기 구입이 포함되어 있다. 첨단 스텔스전투기 F-35A 구입비가 있고 공격형 잠수함 구입비 그리고 해상자위대 호위함 구입비가 있다. 그리고 공격용 장거리stand off 미사일도 구입할 예정이다. 2019년부터 5년간 진행되는 중기 방위 계획은 일본의 장거리 공격력 강화에 초점을 맞추고 있다. 사실상 구축함 2척이 항공모함 기능을 할 수 있도록 개조된다. 그리고 수직 이착륙이 가능한 스텔스전투기 F-35B를 무려 42대나 구입할 계획이므로, 사실상 항공모함에 각각 21대씩 배치할 수 있다. 일본 본토 공군기지에는 F-35A 105대가 따로 준비된다.

2017년 개발을 완료한 일본 국산 공대함 미사일 ASM3의 사거리를 늘려 새로운 공격용 장거리 미사일을 2023년까지 완료한다. 전투기에서 발사되는 공대지 미사일로 사정거리가 400km가 훨씬 넘고 레이더에도 잘 포착되지 않는 정밀 장거리 미사일이며, 일부 전문가는 완성되었을 때의 사정거리를 800km로 추정하기도 한다.

군사 정찰용 인공위성은 기존의 7대에서 10대로 늘어나 대륙간탄도미사일ICBM의 실전 공격이 가능하다. 그리고 2018년에는 일본 해상자위대가 태평양 해상에서 미영일 3국 합동 해군 훈련을 역사상 처음으로 하였다.

2019년 한국과 일본의 레이더 갈등 사태 이후 오히려 아베 총리의 지지도가 10%가량 상승한 점을 고려할 때, 일본 국민의 평균적인 인식이 '방어에서 공격형으로 전환되는 일본 군사 시스템 재편'에 상당수가 공감하는 듯하다. 특히 일본 완성차 업체들의 해외 생산시설 국내 복귀, 즉 '리쇼어링reshoring'이 군사적 측면에서 주요한 시사점을 줄 수 있다. 우선 일본의 거대 자동차 기업인 도요타·닛산·혼다가 리쇼어링에 참가했다는 점을 눈여겨봐야겠다. 2016년에 혼다가 멕시코 공장을 통째로 사이타마현으로 이전했고, 2017년에는 도요타가 캠리의 미국 생산 물량을 아이치현 공장으로 옮겼으며, 이어 닛산도 캐시카이 물량이 미국에서 일본 본토 생산으로 바뀌었다.

물론 일본의 경제 정책 측면과 자동차산업의 논리에서 리쇼어링의 트렌드를 먼저 보아야겠으나, 비상시에는 전쟁 물자를 생산하는 공장으로 전환할 수 있는 기반 확대 측면도 무시해서는 안 되겠다. 일본에 주둔하고 있는 주일미군은 기존의 오키나와·혼슈에서 규슈·홋카이도로 재배치하고 있다. 규슈는 오키나와에 비해 북서쪽 900km 위쪽에 위치하고 있어, 한반도 및 서해 북부 진입 측면에서 훨씬 전략적인 위치이다. 일본의 공격형 군사시스템의 대상이 한반도를 내부적으로 설정했을 가능성이 엿보이는 대목이다.

일본의 최적 전략적 선택

시기	~2025년	2026년~2032년	2033년~
전략	미국과의 혈맹 전략.	미국과의 semi-혈맹 전략(공식적으로는 기존 입장 고수. 내부적으로는 고민의 시간).	세계 추세에 수동적 대응 전략(공식적으로 기존 입장 반복, 실질적으로는 추세에 대응하는 접근).
전술 (한국과의 관계)	한국에 대한 종합적 정보 수집, 그리고 신뢰도 테스트.	차기 전략 선택을 위해 한국에 대한 2가지 접근 중 선택할 유인 높음(국지전도 선택 시나리오 중 하나이다).	이 시기에는 이전과 달리 거꾸로 한국과의 혈맹 전술이 자국 전략 선택의 폭을 증가시킴.

일본은 2033년 이후에 대한 1차적 전략이 불투명하다는 점을 시간이 지날수록 인식하게 된다. 그동안의 외교 관성을 고려할 때, 선택의 폭이 제한되어 있는 상황이기 때문이다. 이런 구조일수록 일본 입장에서는 한국과의 긴밀한 협조가 더 중요해진다. 그런데 일본의 입장에서는 한국을 믿을 수 있는가에 대한 고민이 생기게 된다. 이러한 고민을 2025년까지는 책상에 앉아서 할 수 밖에 없는데, 만약 신뢰도 테스트에 부적합으로 잠정 결론이 날 수 있다. 2019년부터 본격화되는 한일 무역 분쟁은 장기적인 시뮬레이션의 최적화된 답을 구하기 위한 테스트의 연장선 성격으로 해석할 수 있다.

2033년 이후의 최적 전략이 불투명한 구도이기 때문에, 일본은

2026~2032년 사이에 한국에 경제 또는 군사적 차원에서의 변동성이 다운사이드로 나타날 경우 한국을 중심으로 벌어지는 게임에 참여할 요인이 높아질 전망이다. 일본이 능동적인 전략을 구사할 수 있는 최적의 시기는 2026~2032년 사이로 판단되며, 이 능동성에는 군사적 국지전 충돌 시나리오도 포함될 수 있다. 왜냐하면 2033년 이후 일본의 1차적인 전략 선택 모델이 부재하거나 세계 추세에 대응하는 수동적 선택밖에 없기 때문이다.

일본은 국가 미래 전략 차원에서 모든 시나리오를 검토하고 사실상 준비하고 있는 과정으로 판단된다. 한국은 아직까지 일본이 준비하고 있는 예외적인 시나리오에 대한 준비가 제대로 이루어지지 못하고 있는 상태라고 보인다. 이 상태가 2032년까지 지속될 경우, 한국은 뒤통수를 맞을 위험에 노출된다.

2026년과 2032년 사이 패권국의 역전

중국의 GDP는 2018년 기준 미국 대비 63% 수준이다. 2018년 중국 GDP는 90조 위안 규모로, 성장률은 천안문 사태 이후 28년 만의 최저인 6.6%이다. 향후에도 중국의 성장률이 6.5%를 유지하고 미국이 2018년 잠시 보인 3%대 성장세가 다시 평균 2% 성장세로 회귀할 경우 2030년 양국의 국내총생산 규모가 역전될 것이라고 전망된다. 경우에 따라서는 경제 규모의 역전 시기가 2026년으로 앞당겨질 수도 있고 2032년으로 늦춰질 수도 있다. 중요한 점은 모든 경우의 수를 고려해도 2032년에는 GDP가 역전된다는 것이다.

미국과 중국의 GDP 역전 시기 계산표(3가지 다른 조건하에서)

	美 2.5%↑	中 6.5%↑	美 2.3%↑	中 6.7%↑	美 2.7%↑	中 6.3%↑
2018	1.000	0.630	1.000	0.630	1.000	0.630
2019	1.025	0.671	1.023	0.672	1.027	0.670
2020	1.051	0.715	1.047	0.717	1.055	0.712
2021	1.077	0.761	1.071	0.765	1.083	0.757
2022	1.104	0.810	1.095	0.817	1.112	0.804
2023	1.131	0.863	1.120	0.871	1.142	0.855
2024	1.160	0.919	1.146	0.930	1.173	0.909
2025	1.189	0.979	1.173	0.992	1.205	0.966
2026	1.218	1.043	1.200	1.058	1.238	1.027
2027	1.249	1.110	1.227	1.129	1.271	1.092
2028	1.280	1.183	1.255	1.205	1.305	1.161
2029	1.312	1.259	1.284	1.286	1.341	1.234
2030	1.345	1.341	1.314	1.372	1.377	1.311
2031	1.379	1.429	1.344	1.464	1.414	1.394
2032	1.413	1.521	1.375	1.562	1.452	1.482
2033	1.448	1.620	1.406	1.667	1.491	1.575
2034	1.485	1.726	1.439	1.778	1.532	1.674

위의 표 왼쪽 첫 번째는 미국이 GDP 평균 성장률 2.5% 성장세를 보이고 중국이 6.5%를 보일 경우로, 2031년에 중국이 미국을 앞지른다. 위의 표 중간은 미국이 GDP 평균 성장률 2.3% 성장세를 보이고 중국이 6.7%를 보일 경우로, 2029년에 중국이 미국을 앞지른다. 위의 표 마지막은 미국이 GDP 평균 성장률 2.7% 성장세를 보이고 중국이 6.3%를 보일 경우로, 2032년에 중국이 미국을 앞지른다.

2000년부터 2018년 동안의 미국과 중국의 GDP 성장률 추이(단위: 0.01=1%)

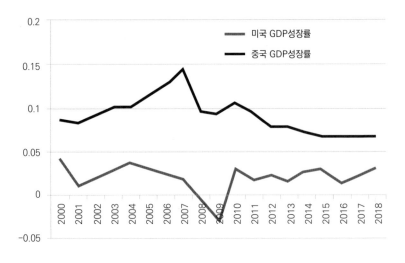

출처: 세계은행

참고로, 2000년부터 2018년 동안 19년 보인 미국의 GDP 평균 성장률은 2.1%였으며, 중국은 9.1%였다. 따라서 위의 세 가지 시나리오 모두 극히 보수적으로 계산한 것이며, 실제로는 위의 계산된 세 가지 시기보다 더 앞당겨서, 중국이 미국을 추월하리라 전망된다. 중국은 무역 규모 면에서는 2010년에 이미 미국을 제쳤다.

위의 미국과 중국이 2000년부터 2018년 사이에 보여준 GDP 성장률을 보면, 2018년에는 그 차이가 3.5% 정도까지 줄어들었다. 하지만 이는 미국이 양적 팽창 정책에 의해 자국의 유동성을 과잉 공급하여, 실물 경제 회복의 경쟁력이 구조적으로 미비한 상태에서 통화팽창이라는 돈의 힘에 의한 단기 경제 처방을 한 실물 효과라는 측면이 많기 때문에 지속적으로 나타날 지는 미지수라는 점을 감안해야 된다. 중국과 미국이 합쳐서 세계 경제에서 차지하는 비중은 40% 정도이며, 나머지 60%를 차지하는 국가들은 2030년이 가까워지면 두 국가 중에서 어디에 줄을 설지 공개적으로 요구되는 분위기가 되리라고 예상된다.

중국은 기업 부분의 부채 비율이 미국보다 높다는 단점이 있는 반면, 미국은 정부 부분의 부채 비율이 중국보다 높다는 단점이 있다. 중국 민간기업의 부채 비율이 150% 가량으로 추정되고, 미국의 재정 적자는 2018년 7,790억 달러에서 2019년과 2020년에는 9,000억 달러 수준이 되리라 예상된다. 2026년과 2032년 사이에 미국과 중국의 패권 싸움은 금융 측면에서 상대방의 약점을 찌르는 양상을 보일 것이다.

즉, 미국은 무역전쟁 형식으로 계속해서 중국에 압박을 가하고, 중국은 미국 국채 매입 규모를 축소하여 미국에 압박을 할 것이라고 예상한다. 군사적 측면에서 중국이 미국과 대등한 수준이 되려면 경제 규모를 따라잡는 시기(2026~2032년)보다 약 십수 년 뒤인 21세기 중반은 되어야 할 것이라고 본다. 중국의 국방 예산율은 2000년대 초반에 10%에서 7%로 낮아지는 모습을 보였다가 2018년부터는 8%대의 증가율을 보이고 있다. 미국의 군사적 우위 전략이 재차 강조되며 군사비를 확대하고 있는데다가 미·중 무역전쟁도 강도가 높아져, 2035년까지 국방의 현대화를 마무리한다는 정책 방향성이 확고해졌다. 군사적으로는 현 시점에서도 괌 미군 기지를 공격할 수 있는 능력을 갖춘 것으로 평가받고 있다.

중국의 국방예산은 GDP 대비 세계 평균을 하회하는 1%대라서 마음만 먹으면 국방예산을 GDP 4%대로 집행하여 미국과의 간격을 단축할 수 있다. 2032년부터 2050년 사이의 특징은 중국이 경제적 측면에서는 미국을 앞지르게 되고, 군사적 측면에서는 여전히 미국이 아직 우위를 유지한다는 것으로 요약된다. 이 시기에 미국이 지속적으로 세계 패권을 추구할 경우, 미중이 직접 충돌하거나 또는 대리인을 통한 특정 지역에서의 간접 충돌이 일어날 가능성이 과거보다 더 높아질 것이다.

그런데 2050년쯤에는 군사적 측면에서도 미·중 간의 균형이 이루어져, 무력 충돌의 가능성은 오히려 다시 낮아질 수 있다. 결국 2032년 즈음에는 한시적으로 예상되는 미·중 무력 충돌 가능성을 줄이기 위해서라도 중국이 국방비 예산을 GDP의 2% 이상으로 올릴 가능성이 높아 보인다.

인류 수천 년의 역사는 수많은 사례를 통하여 하나의 진실을 보여준다. 세계 최고의 왕이 바뀌거나 바뀔 수 있는 시기에는 예외 없이 전쟁이 있었다. 문헌 등을 통해 간접적으로 추정되는 기원전의 시기를 포함하여 인류의 1만 년에 가까운 역사가 이를 증거하고 있다. 역사 확률적으로는 2032년 즈음을 전후하여 국지전을 포함한 동북아시아 영역에서 전쟁이 발생할 가능성이 51%를 넘게 된다. 그런데 한국 사람들은 마치 전쟁이 일어날 확률이 0.001%조차 안 된다고 생각하고 있는 실정이다. 이러한 안전 불감증을 떨쳐내고 앞으로 있을 국지전을 포함한 전쟁의 위협에 대비해야 한다.

· 제3의 변수,
· 국제 금융자본

　미·중 간의 패권 싸움에 있어서 많은 분석가들이 놓치고 있는 제3의 변수가 바로 '국제 금융자본'이다. 즉, 미국·중국 다음으로 GDP 규모 순위가 높은 국가 일본·독일 그리고 영국·프랑스·인도·러시아 등이 '제3의 변수'가 아니라는 점이다. 국제 금융자본은 조세피난처tax haven를 좋아하는 헤지펀드 자금부터 시작하여 연기금 등 다양한 얼굴을 가지고 있다. 헤지펀드의 규모에서 소수의 거액 투자자들을 비공개로 모아 레버리지 기법(부채 단기 차입·공매수·공매도 등의 기법을 활용하여 자신의 실질자산 규모보다 시장에 미치는 그 영향력을 배가하는 투자 기법)도 불사하며 절대 수익을 추구하는 국제 자금의 깡패 성격도 실제로 있다.

　사모펀드에서 연기금으로 넘어가면, 미국 연방퇴직저축FRT·캘리포

니아공무원연금^{CalPERS} · 캐나다 연금투자위원회^{CPPIB} 등과 같은 미국계 자금도 있고, 싱가포르 중앙적립기금제도^{CPF} · 중국 국가사회보장펀드 ^{NSSF} · 일본 공적연금펀드^{GPIF} 등 아시아 자금도 있으며, 네덜란드 공적 연금^{ABP} · 노르웨이 국부펀드^{GPFG} 등 유럽 자금도 있다. 세계 투자은행 으로 넘어가면, 미국에 코드를 맞추는 주체가 급속히 늘어난다.

투자은행 1위 자리를 엎치락뒤치락 다투는 JP모건과 골드만삭스가 있고, 씨티그룹^{Citigroup} · 모건스탠리^{Morgan Stanley} · 뱅크오브아메리카 ^{BoA} · 메릴 린치^{Merrill Lynch} 등이 뒤따른다. 모두 미국에 코드를 맞춘 주 체들이다. 유럽계 투자은행은 도이체방크^{Deutsche Bank} · 크레디트스위 스^{Credit Suisse} · UBS 등 많이 있으나 미국계보다 입지가 낮고 미국을 통 해서 글로벌 인수합병의 떡고물이 나오는 경우가 심심찮기 때문에 미 국의 눈치를 살핀다. 중국도 2018년 기본 자본 기준으로 공상 · 건설 · 중국 · NH농협 등이 세계 5위권으로 올라오고 중국계 은행 이익이 세 계은행 이익의 3분의 1 수준까지 나타나며, 과거와는 사뭇 다른 모습을 보여주고 있다. 그러나 이들 은행이 자국 기업들을 중심으로 돈을 빌려 주는 영업 의존도가 높아, 글로벌 투자은행 측면에서 포트폴리오의 다 양성이 약하다. 예를 들어, 중국 정부 당국이 부채 축소 정책을 지속할 경우, 중국의 은행은 몸살을 앓을 수 있는 반면에 미국 및 유럽계 투자 은행은 재치기에 그친다.

미국 투자은행은 미국 연방준비위원회의 대주주이다. 즉, 국제투자 자금의 상위로 더 파고들수록 미국 코드에 더 밀착되어 있는 이면 배경을 느끼게 된다. 또 최상층에 더 근접할수록 유태계 자금 및 코드 성격도 짙어진다. 제2차 세계대전을 거치면서 유태계 자금 및 코드는 미국이라는 최강국 안에 자리 잡았고, 그 둥지를 옮기기에는 미국 연방준비위원회 및 발권 기능까지 영향권에 있어, 미국의 최강국 위치를 어떻게든 유지 또는 연장하는 방향으로 이해관계가 구조화되어 있다. 따라서

헤지펀드 규모(단위: 십억 달러)

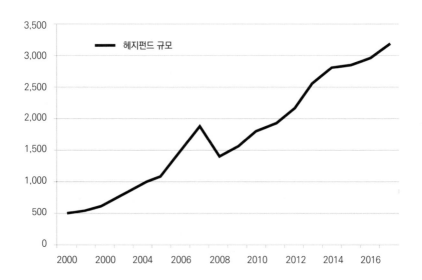

출처: Hedge Fund Research

국제자금의 헤게모니를 쥐고 있는 기득권 입장에서는 군사적 측면에서 국지전은 불가피하더라도 충돌보다는 국제투기 자금을 통해 간접적으로 약점을 공략하는 시나리오를 우선적으로 검토할 수 있다.

결국 미국 GDP가 중국에게 추월당할 수 있는 2026년과 2032년에 원자재 시장을 포함한 국제 금융시장의 변동성이 과거보다 높아질 가능성 높다. 그 시기에 국제 투기 자금의 공격성이 향후 생존을 위해서 높아질 것이라고 본다. 국제 자금 중에서 개인의 거대 자금이나 사모펀드 성격의 자금들은 변혁기 자금의 보호를 위해 적잖은 규모의 액수가 잠수를 탈 가능성도 엿보인다. 잠수를 타기로 결정되었을 경우, 어떤 형태로 자금을 보관할 지가 이 시기의 가장 큰 관건이다.

대형 글로벌 헤지펀드 운용사 규모 추이 **대형 글로벌 헤지펀드 운용사 점유율**

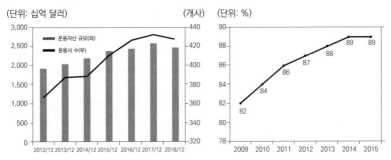

주 : 운용자산 규모가 10억 달러 이상인 경우를 대형으로 분류하며, 점유율은 전체 글로벌 헤지펀드 운용자산 규모 대비 대형 운용사 비중

출처: Hedge Fund Intelligence

헤지펀드도 운용자산 규모가 10억 달러 이상인 대형 운용사의 시장 점유율이 약 90% 정도인 점을 고려할 때, 대형사 간의 정보 네트워크 및 라인이 비공식적으로 운용되고 있다고 추정된다. 헤지펀드의 그동안의 운용 수익률과 운용 투자 전략의 패턴 측면에서 살펴보면, 거시macro, 상대 가치 분석relative value, 사건 유인event driven, 종합지수추종composite index, 주식 헤지equity hedge 순서로 수익률이 선방했었다. 격변기인 2030년으로 가는 시기에는 상대적으로 사건 유인 운용 전략을 추종하는 헤지펀드의 수익률이 상대적으로 유리할 것으로 전망된다.

일부는 금 등의 전통적 가치 보관 수단으로 그 형태가 결정될 수 있어, 이 시기에 금의 수요는 어느 때보다 꾸준할 수 있다. 반면 일부는 향후 장기적인 경제 역전을 고려하여 중국 발권화폐를 선택하는 결정도 증가할 수 있다. 또 일부는 미중 패권 갈등에서 상대적으로 자유로운 성격이 더 강화될 유럽연합의 통화로 보관할 가능성도 높다. 국제 금융시장의 변동성이 높아질 가능성은 다음 두 가지 전략이 중요함을 의미한다.

첫째는 글로벌 자산의 위험 중립화를 추구하는 헤징hedging(가격 변동으로 인한 손실을 막기 위해 실시하는 금융 거래 행위) 작업이 다각도로 시도된다. 여기서 다각화의 잣대는 자산본질의 가치를 부풀리지 않고 비교적 정직하게 시장에서 사고 팔 수 있는 교환 매개체의 여부이다.

글로벌 헤지펀드 주요 전략 카테고리

전략	특징 및 소분류
행동주의	배당 확대나 지배 구조 개선 등을 요구
사건 추종	미국 기준 금리 변경 등이 주요 사건 소재
다중 전략	종합적인 투자 전략 추구
상대 가치 차익 거래	상대적인 저평가와 고평가 갭 관찰
매크로·원자재추종투자	경제 거시 변수, 국제 원자재 전망 중요
채권	전형적인 채권 투자 추구
주식	주식
	주식-시장 중립
	주식-펀더멘털 가치
	주식-펀더멘털 성장

출처: Hedge Fund Research

둘째는 과거 1990년대 중후반의 아시아 금융 위기 때처럼 과도하게 시장 공포 또는 패닉에 빠질 경우, 과매도된 자산에 대한 역매입이 빠른 시일 내에 유입됨을 시사하기 때문에, 의외로 국제 투기 자금의 공격이 있더라도 과거와 같은 가격 폭락이 나타나기 힘들 것으로 판단된다.

당신이 10억 달러가 넘는 돈을 가진 세계적인 부자들의 일원이 되었다고 가정해보자. 2032년의 경제전망을 바라볼 때, 손해에 대한 리스크를 줄이고 싶은 마음에 시달리게 될 것이다. 교과서적인 투자 방법인 '분산 투자'의 원칙을 일부는 따르겠지만, 2032 국제 금융자본의 변동성 확대를 대비하기 위해서는 각종 헤징 작업에 참여할 수밖에 없게 된다. 국제 금융시장의 유태계 자금도 예외는 아니다.

결국 국제 금융자본은 힘의 균형 원리가 변화하는 조짐을 시장에 알려주는 선행 변수 성격과 더불어 향후 자신의 장기 생존을 보장할 게임에 다른 차원에서 간접적으로 참여하는 동행 변수 성격도 가지게 되는 중요한 변수이다.

중국 소비 트렌드의 변화

현재의 중국 시장은 브랜드 파워에 갇히기보다는 럭셔리함과 특별함으로 요약되는 중국 소비자들의 고급화 취향을 어떻게든 맞추어 나가는 노력이 중요한 시기라고 본다.

스타벅스가 2018년부터는 딜리버리 서비스, 2019년에는 베이커리와 주류가 메인인 점포 개장 등의 전략을 사용해 중국 현지 경쟁 업체 루이싱커피瑞幸咖啡, Luckin Coffee의 추격을 저지하려는 시도는 다른 소비 업종에도 큰 교훈을 준다. 특히 화장품 소비 업종에서 시작된 다채널 플랫폼 선호 경향이 다른 소비 업종으로 확산될 것이라고 예상되고, 중국 온라인마켓의 성장세는 '브랜드 수명의 단축'을 더 압박할 것이다.

최소한 중국 마케팅에 있어서는 '하나의 중국'에 어긋나지 않아야 하고, 중국 단독 제품의 개발과 중국 고객의 소비 성향에 대한 높은 이해도는 선택이 아니라 필수이다. 중국은 자국 경제가 세계 1위로 부상하는 시점에는 과감한 소비 주도의 성장 정책 드라이브를 실행할 것이라고 예상된다. 디자인 측면에서는 중국풍 디자인 상품과 독특한 디자인 상품의 양 시장이 각각 병행하여 존재할 수 있다.

적색 남발과 마케팅에 의존한 판매 푸시는 매출이 답보하고, 제품의 기능성과 가성비가 어우러지거나 아예 명품 브랜드 하나만 집중해서 보여주는 제품의 성장세가 이어지리라고 본다. 남성 소비 시장만 따지면, 2017년 1인당 온라인 남성 소비액이 여성을 앞지르는 추세가 굳어지고 있는 데 반해, 한국은 화장품 등 여성의 소비 제품만 신경 쓰는 오류를 범하고 있다. 어렵더라도 중국 남성들이 선호하는 남성복·전자기기·스마트기·주류·영상 음향 장비 시장에 어떻게든 진입하여야 하며, 그렇지 못할 경우 미래의 중국 내수 성장 드라이브의 수혜에서 철저하게 배제될 수도 있다.

적어도 남성 소비시장에서는 한국의 브랜드 파워가 저조한 관계로 중국 현지와의 합작법인도 현실적인 대안이라고 생각된다. 중국도 2030년 즈음 부채 축소deleveraging의 연장선상에 있을 수밖에 없으므로, 다품종 소량 생산과 디자인의 다양성에 대한 압박은 매우 높아질 전망이다. 또한 시즌 상품 변형 능력이 원가에 부담을 주지 않는 모듈화된 생산

공정 능력이 중국 소비시장에서 오랫동안 생존하기 위한 필수 요건이 될 수 있다.

부채 축소는 궁극적으로 자본 과시적인 중국의 소비 트렌드에 불가피하게 변화 흐름이 나타날 수밖에 없다. 디레버리징이 일어나면서 트렌드에 변화가 생길 것으로 보인다. 특히 중국은 이 시기에 정치적 안정성이 과거보다 약화될 가능성도 내재되어 있다. 예상을 뛰어넘는 1인 권력 집중과 장기화는 상대적으로 매우 치밀한 자기 점검이 동반해야 하는 구조이다. 견제 구도가 완전히 소멸될 경우 전략적인 판단에서 착오가 나타날 수 있고, 이는 정치적 변동성이 갑자기 증폭될 위험을 내재하게 된다. 중국의 소비자도 본능적으로 가격 변동의 위험을 피하기 위한 행동과 부채 축소가 맞물려 자기 과시에서 자기 보호로의 소비 패턴 변화가 장기적으로 나타나는 것을 막을 수 없다.

이런 조짐이 나타날 때, 상품의 디자인 측면에서 기존의 고정관념을 과감하게 버려야 마케팅 연속성이 확보된다. 즉, 중국인이 선호하는 색상으로 유명한 금색과 빨간색에서 과감하게 이탈하여 무채색의 현대화된 디자인이 소비 트렌드로 나타날 전망이다.

중국은 정치적 획일성과 부채 비율이 미국보다 높다는 단점이 있다. 하지만 더 큰 그림을 그리면, 중국은 2032 신질서의 헤게모니를 건네받을 국가이다. 따라서 중국의 현지 소비시장을 마치 한국 소비시장을 들여다보듯이 세심하고 끈질기게 살펴야만 우리의 후대가 편안해진다. 경제적으로는 홍콩을 포함한 중국 본토에만 시선을 두지 말고 동남아 상권을 잡고 있는 화교그룹과 대만의 경제 주체들을 같은 바운더리에 넣고 분석하면, 중국 소수 민족에 대한 정치적 이슈와 부채의 디레버리 징 후유증 등의 잠재적 위험이 중국 리스크를 궁극적으로 증가시키지 않을 것으로 판단된다.

2장

누가
우리의
치즈를 옮겼을까?

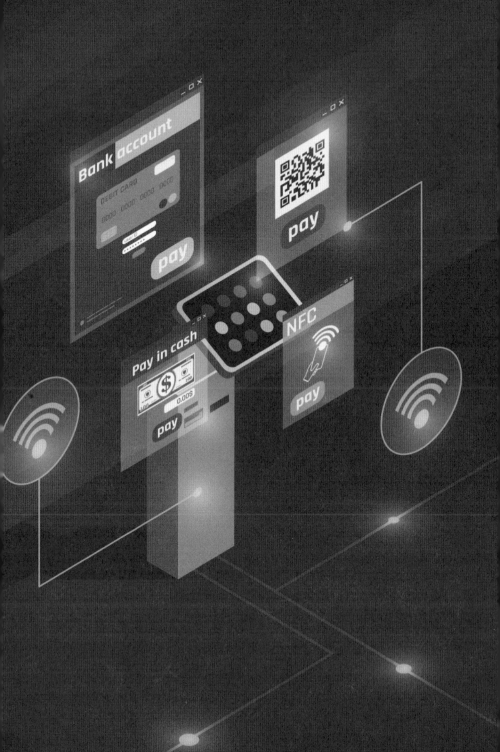

천편일률성이 강행되며
뒤범벅이 된 치즈

2018년 9월 13일 종합부동산세 인상 및 과세대상 확대·대출 규제·1주택자 분양 청약 제한 등을 골자로 한 부동산종합대책이 발표되고 그 적용이 2019년에 본격화되었다. 2주택 이상 보유 가구는 규제 지역에서 신규 주택 구입 시 주택담보대출이 금지됐는데, 쉽게 말해 현금으로만 주택을 사라는 이야기이다. 수억 단위의 주택을 대출 없이 현금만 동원해 살 수 있는 사람은 사실상 대한민국에 거의 없다고 봐야 하는 상황에 달라진 부동산법이 2019년부터 시행되자 '거래량의 급격한 감소'가 나타나고 있다. 2019년 상반기 서울에서 거래된 주택은 10만 건을 하회하며, 이는 2018년 상반기 16만 건에 육박했던 거래량에 비교하면 40% 이상 줄은 수치이다. 오피스텔, 단독·다가구, 연립·다세대 모두 거래량이 감소했으며, 특히 아파트 거래량은 절반이나 줄었다.

사람은 심장에서 공급된 피가 머리 · 손 · 발 등으로 분당 60회 이상 회전이 되어야 건강하게 오래 산다. 부동산 자산도 심박수心博數에 비유할 수 있는 적정 거래가 있는데, 부동산 자산의 불규칙한 심장 박동, 소위 부정맥은 국가 경제 전체에 '예상치 못한 발작'을 일으키게 만든다. 인간의 신체로 따지면 혈액의 급속한 회전 감소는 자칫 기본적인 혈액 공급이 절실한 뇌 작용의 둔화를 초래할 수 있으며 심각한 경우 식물인간이 될 수 있다. 한국의 부동산 자산도 마찬가지의 경우가 일어날 수 있음이다.

아리스토텔레스는 '생명은 최초의 심장박동으로 시작되며 마지막 박동으로 끝난다'는 명언을 남겼다. 2019년 한국의 부동산시장은 특정지역의 경우 거래 자체가 아예 없는 동네나 단지도 있어, 2019년 최초의 심장박동이 언제인지를 측정조차 할 수 없는 경우가 실제로 발생하고 있다. 결국 정상적인 부동산 거래량 자체를 급감시키는 2019년 부동산법은 경제 본질을 전체적으로 파악하지 못하고 있음을 의미한다. 경제의 한 축을 담당하는 부동산의 정상적인 심장 수축운동마저 식물화시키는 마인드는 지금부터 살펴볼 '치즈의 주인은 먹지 않았는데, 치즈는 각종 명목으로 급증한 세금의 형태로 돈이 사라지는 한 사례'에 불과하다.

300인 이상의 직원이 있는 기업과 공공기관은 2018년 7월부터 주 52시간 근무제를 시행했고, 2020년(일정 기간 유예 예정)부터는 직원이 50인 이상 300인 미만 기업들에도 확대된다. 기업들은 업계 특성에 맞는 유연근무제를 도입하며 법 시행 초기의 불이익을 감소하려고 노력하는데, 그 후유증도 많다. 그동안의 필요 업무량이 단시일 내에 바뀌지 않는데, 직원들을 강제로 퇴근시키는 방법이 일반화되고 있다. 업무가 원천 봉쇄되며, 직원이 필요한 업무로 야근을 하더라도 해당 임원은 인사 고과에서 불이익을 받는 사례도 보고된다. 이러한 정부의 일방적인 고용정책 강행도 또 다른 실물경제 박동수를 현저하게 느리게 만든다.

현실적으로 퇴직 후에 임금이 아니라 보유 자산에 의거하여 지역의 료보험료가 과다하게 책정되는 부담을 줄이기 위해 실제로는 취업을 한 것이 아닌데, 지인에게 부탁해서 취업을 한 것처럼 속이는 경우도 허다하다. 이런 모든 걸 감안하지 않고 통계적으로 실버 고용 확대가 되었다고 말하는 것을 보면 얼굴이 뜨거워진다. 지금 정부는 대기업에게는 취업을 독려하며 학력·가족관계 등의 정보를 보지 못하는 블라인드 면접을 강요하는 문서를 회사들에게 돌리고 있다. 그러나 실제로 상당수의 조직은 마치 제비뽑기처럼 신입사원을 뽑아야 되는 현실을 정부가 아닌 다른 주체들에게 하소연하고 있다. 그러니 신규 고용 창출을 통하여 기업 부가가치 증가를 도모하는 시도조차도 멈추게 된다.

금융을 포함한 서비스업종에서 고객을 응대하는 종사자가 '지금 바쁘니 다른 곳에 가서 해결해보라'는 식의 접근을 해도, 회사 입장에서 그 직원에게 불이익을 줄 수 있는 방법이 사실상 전혀 없게 되었다. 이렇게 되니 '바빠도 창구에 찾아오는 고객에게 충실하게 대응하는 종사자들'의 수가 줄게 된다. 2019년 한국 경제에 미치는 '거래량 자체를 아예 급감시키는 부동산 정책'과 '신규 고용을 통해 부가가치 창출 기대를 아예 접게 만드는 고용정책'은 사회 전체의 질을 낮추는 경향을 보이고 있다.

대체원가를 뺀 부동산 경제정책은 '앙코 빠진 찐빵'

'대체원가replacement cost'라는 말이 있다. 이미 조달한 설비나 재고를 현재 또는 장래의 어느 시점에서 다시 조달할 경우에 필요한 비용을 뜻한다. 이 대체원가는 재조달원가 또는 대체가격이라고도 부른다. 이 대체원가가 부동산 경기를 아는데, 매우 핵심적인 단어가 되었다. 무슨 말일까?

2017년 후반기부터 2019년까지 아파트 값이 많이 올랐다. 왜 올랐을까? 정부가 말하는 투기 바람이 불어서가 아니다. 내가 판단하기에 가장 큰 이유는 '대체원가'가 급등했기 때문이다. 정부가 최저임금을 급격하게 상승시켰었다. 집을 짓는데, 건축자재도 들어가지만 인건비 비중도 상당히 높다. 인건비가 오르면 그에 따라 건축자재비도 결국 오르게 된다. 건축자재도 공장에서 근로자들이 원자재를 이용하여 가공하는 것이기 때문이다. 그리고 아파트 공사인 경우 대부분 현장식당이 운영되는데, 식당 운영비도 올랐다. 음식이 기계에 의해 만들어 지는 게 아니라, 현장식당 근로자들에 의해 만들어지기 때문이다. 게다가 식사 준비 및 설거지 이후 김치 등 반찬 만들려면 추가 노동 필요한데, 예전처럼 무급으로 시키면 노동부에 고발이 들어온다. 그리고 식자재 값도 다 올랐다. 5,000원이던 밥값이 6,000원으로 오른다. 20%의 상승률을 보이는 것이다.

보이지 않는 손에 의해 결정되는 시장가격은 생존을 위한 처절한 가격이다. 아파트를 새롭게 짓는 데 필요한 노무비 등의 원가가 급등했다. 그렇다면 미래의 대체원가를 반영할 수밖에 없는 시장가격도 당연히 같이 오를 수밖에 없고, 그 가격 상승의 1차적인 원인은 최저임금의 급상승이다. 부동산 가격이 대체원가에 민감한 태생적 구조를 가지고 있다는 점을 먼저 이해해야 하겠다. 한국에서는 이를 '대치원가'라고 부동산학에서 정의하였다. 즉, '대체원가'는 복성식 평가법의 재조달원가의 한 종류로서, 가격시점 현재 대상 부동산과 자재, 공법 등이 유사하여 기능면에서 동일성을 갖고 동일한 효용을 갖는 부동산을 신규로 대치하는데 소요되는 효용면의 원가로 정의하고 있다.

미국에서는 이 대체원가를 'replacement cost'라 한다. 부동산의 시장가는 재건축 원가로 본다. 즉, 미국에서는 부동산에 대한 보험도 한국보다 일반화되어 있는데, 보험에서의 부동산 시장가는 대체원가 관점에서의 동일한 부동산을 재건축하는 데 필요한 원가로 접근한다. 건설 경기는 주택 등 민간 건축 수주와 공공건설 수주로 나누어지며, 후자는 정부 사회간접자본SOC 영향을 받고, 전자는 정부의 부동산 규제 강화 여부와 신규 주택 공급량의 영향을 받는다. 실내건축공사업도 국내 경기와 건설 경기가 유기적으로 영향을 받고, 해외수주는 원가 경쟁력과 글로벌 경기에 영향을 받는다.

부동산의 대체원가 분석 관점에서 매년 보도되는 최저임금 수준의 상승 비율만큼 부동산 가격도 중장기적으로 상승할 수밖에 없다. 부동산 가격이 상승한 중요 원인 중의 하나는 인플레이션이다. 특히 최저임금의 급격한 상승은 부동산 대체원가의 급격한 상승을 또한 의미한다. 따라서 부동산 가격의 상승의 일차 원인은 시장균형가격을 넘어선 수준에서 최저임금을 결정한 정책당국의 비경제적 정책 집행이다.

최근 수년간 급격한 최저임금 인상 이후 부동산 정부정책 당국이나 심지어 부동산 전문가마저 바뀌는 트렌드를 완전히 거꾸로 전망하고 대처하는 실정이다. 예를 들면, '분양가 상한제 정책'이다. 대체원가의 하락이 가시화되기 전에는 부동산 중에서 건물이 차지하는 원가는 결코 하락하지 않는다. 건물에 대한 대체원가 하락 요인을 정책적으로 만들고 나서, 그 다음으로 분양가를 잡는 게 순서이다. 또한 부동산 전문가가 '건물을 팔아 땅을 사라'고 최저임금 급상승기에는 맞지 않는 조언을 한다. 과거 최저임금이 시장에서 결정되는 시장임금 아래에서는 '땅 중심의 부동산 전략'이 맞는 말이었다. 그런데 최저임금 급상승기에는 오히려 '나대지를 팔아 건물 있는 부동산을 사는 게' 상승하는 대체원가 위험을 줄일 수 있다.

· 한국 경제의
· 현 주소

1부에서는 세계 글로벌 측면에서 살펴보았는데, 지금부터는 시선을 우리의 공간 대한민국으로 시선을 돌려서 이야기해보자. 한국 경제 평균 성장률은 2019년까지 세계 경제 평균 성장률을 하회하는 모습을 10여 년간 보이고 있다.

즉, 한국의 경제성장률이 단순히 저성장이 아니라 성장 잠재력이 훼손되는 방향으로 일부 전개되고 있다는 것이다. 이렇게 된 이유 중의 상당 부분이 시장 참여자들이 해결할 수 없는 시장 외적인 요인들에서 발생하고 있는 실정이다. 시장은 기본적으로 제품의 수요 및 공급 등이 보이지 않는 손 역할을 하는 가격에 의하여 만나는 곳에서 형성된다. 그리고 시장 내부가 아니라 외부에서 그 간섭이 가해지는 빈도나 강도가 높아질 때 자율적인 시장 규모는 생존의 기본 리듬이 훼손되며 규모가 축소하게 된다. 그러면서 개인적 수준이나 국가적 수준에서 모두 '미래 소비를 현재 소비로 당겨 사용함으로써 생기는 부채들'이 증가하고 있다.

결국 한국의 장기적인 경제 전망에 대한 적지 않은 비중이 부채의 증가가 언제까지 가능하고, 미래에도 자산 인플레이션이 수반되지 않을 경우 어떠한 방법으로 부채를 상환해야 하는가에 대한 문제 분석이 필요함을 시사한다. 국민들은 자신의 미래를 담보하기 위해서라도 필사적으로 '작은 정부'를 만들어야 하는 미래 과제를 안게 된다. 은행의 고리대금업자화가 버젓이 추세되는 현상을 막아야만 '디레버리지'라는 부채 축소 경향에서 살아남을 수 있다.

부채가 증가하는 국면에서 누군가가 우리의 이익을 몰래 빼돌리더라도 부채에 의한 현금 흐름 증가분이 눈앞에 더 크게 보여, 눈치를 채기 어려울 수 있다. 하지만 부채를 줄여야 하는 국면에서는 이로 인한 현금 흐름 축소 압박이 큰데다가 누군가가 우리의 이익을 기존처럼 빼돌릴 경우, 그 이익을 빼앗기는 당사자는 견디기 힘들 수 있다. 따라서 빼돌려지는 이익의 암묵적인 딜리버리가 너무나 큰 조직이나 상대가 국가라 하더라도 그 구조의 부당함을 지적하고 부당함에 맞서 싸워야 하는 상황이 온다.

한국 경제의 현 주소는 다음 두 가지 질문들 중에 하나도 해결하지 못하고 있다고 보인다.

하나, 미래 현금 흐름이 창출되는 시장이 외부 정책 변수에 의해 막히지 않고 있는가?

둘, 자산 인플레이션 상승에 의존하지 않는 부채 관리가 이루어지고 있는가?

결국 한국 경제의 미래 주소는 위 두 가지 문제 중에 하나라도 해결할 가능성이 보이는지를 우선적으로 검토해야 한다. 개인 수준에서의 처신을 개선하는 것만으로는 더 좋은 미래를 보장하기에는 역부족이며, 조직 및 국가 수준에서의 구도 파악 및 방법론을 고민하는 접근이 미래를 위한 처방책으로 더 효율적이다.

세계 최고 수준의 상승률을 보였던 국민부담률

우리들의 세금 부담을 나타내는 국민부담률$^{Tax\ to\ GDP\ Ratio}$이 꾸준히 증가하여, 이제는 미국을 앞지르고 있다. 국민부담률은 국세 · 지방세 등의 세금과 건강 · 고용보험료 등의 사회보장기여금을 더한 금액이 국내총생산^{GDP}에서 차지하는 비율을 말한다. 이 수치는 2000년 이전에는 10%대 후반이었으나, 2000년에 21.5%로 증가하면서 20%대에 진입했다. 이 비율은 OECD 평균보다는 낮으나 상승률은 OECD 평균 상승률보다 3배 이상 가파르게 증가하였다. 2016년부터는 미국과 동일한 수준의 부담률을 보이고 있다.

국민부담률 추이(단위: %)

연도	2012	2013	2014	2015	2016	2017
한국	24.8	24.3	24.6	25.2	26.3	26.9
미국	24.1	25.7	25.9	26.2	26.0	27.1
OECD 평균	33.3	33.6	33.9	34.0	34.3	34.2

출처: OECD

2017년의 경우 조세 수입 345조 8,000억 원과 사회보장기여금 119조 6,000억 원을 합한 465조 4,000억 원을 명목 국내총생산 1,730조 4,000억 원으로 나눈 부담률은 26.9%이다. 정부의 입장을 대변하는 기획재정부조차도 2019년 국민부담률 예상 수준은 27.8%, 2020년에는 28% 진입을 예상하고 있다. 이러한 증가 평균 속도를 봤을 때, 한국의 2032년 국민부담률은 OECD 평균을 상회할 것이 확실하고, 미국보다는 무려 1.3배 높아질 것이라고 예상된다.

앞의 한국 국민부담률 수치는 다른 나라에서 세금으로 분류하는 부담금, 복권·경마·카지노 등의 기금 수입, 종량제 봉투 판매수수료 등 세외 수입, TV 수신료 등 숨어 있는 세금을 미반영한 수치이며, 이들까지 추가 반영할 경우 실질적인 국민부담률은 더 높아진다.

쉽게 말해서, 재테크와 같은 투자자산 전략을 구사할 때 이전에는 정치 변수만 곁들여 평가해도 되었으나, 2000년대 진입하면서 그 정치적 요인 분석의 비중을 20%대로 늘려야 했고, 이제 우리 미래를 예측하기 위해서는 정치 요인 분석의 비중을 30%대로 올려야만 미래를 전망할 수 있다는 이야기다. 국민부담률의 상승은 한국경제에서 그만큼 민간 자본보다 정부 및 준정부 자본의 비중이 높아진다는 걸 의미하기 때문이다.

매년 가을마다 추가 경정 예산의 편성 등으로 어렵게 모인 국민의 돈들이 시장 활성화 효과가 반감되거나 역행하는 곳에 집행되는 경우에 부정적 변수가 발생하므로 정책 변수 분석이 점차 중요해지고 있다. 특히 한국은 카드 사용 비중이 매우 높은 나라로 변모했기 때문에, 다른 나라에 비해 국가에 세원이 노출되어 있는 구조이다. 외국에서는 1달러 미만의 소액을 결제할 때는 카드를 사용하지 않고 대부분 현금으로 결제하는 반면, 한국은 1,000원 대의 소액 결제도 주저하지 않는 양상이다. 결국 한국의 정부는 다른 국가에 비해서 민간 수입의 세원 데이터를 더 많이 갖고 있다는 것이다. 그만큼 비자금의 비중은 매우 줄었고, 길거리 노점상이나 시골의 장터 정도에서만 현금 거래가 이루어지고 있다. 특히 전자세금계산서 도입은 세계 최고 수준으로 정착되었다. 통계적으로 상대 국가와 비교하는 것보다 실제 체감하는 국민부담률이 의외로 높을 수 있다는 점을 시사한다.

한국은 서구의 팁tip 문화가 없고, 버스비 등의 소액도 카드 결제가 가능할 정도로 세계 최고 수준이며, 특히 국세청 홈택스Hometax 등을 활용한 전자세금계산서 의존도 또한 높다는 점을 감안했을 때, 국민부담률이 최소한 OECD 평균을 상회하지 않도록 하는 정책 집행이 경제적으로 중요한 과제이다.

카드 결제 정보는 모두 국세청 컴퓨터에 입력되고, 기업과 기업의 거래도 전자세금계산서를 발행하면 그 내역이 국세청에 실시간으로 입력된다. 국세청 홈택스의 세계적 성공은 동시에 한국 국세청의 민간 세원 데이터 수집에 있어서도 세계적 수준의 성공을 의미하는 구조이다. 그래서 신고 제도를 채택하는 부가가치세가 구체적으로 얼마인지를, 한국 국세청은 납세 의무자가 자진 신고하기 전에 이미 거의 모든 데이터를 선제적으로 갖추고 있으며, 그 파악력은 세계 최고 수준으로 가고 있다.

기준 금리보다 훨씬 더 많은 웃돈 공양

정부 부문 외에 민간 금융 부문을 살펴보자.

한국 제1 금융권 은행 순이자 이익(단위: 억 원)

연도	2016	2017	2018
KB국민은행	48,689	54,543	59,881
IBK기업은행	45,648	48,594	52,075
NH농협	41,612	45,404	51,404
신한은행	41,291	45,212	50,301
KEB하나은행	39,985	44,575	48,890
우리은행	42,224	43,906	47,277
KDB산업은행 외 11개 은행	67,950	82,261	86,412
계	327,399	364,495 (전년비+11.3%)	396,240 (전년비+8.7%)

출처: 금융감독원, 은행연합회

소위 제1 금융권 은행의 순이자 이익은 앞의 표와 같다. 순이자 이익은 쉽게 말하면 '예대금리차'만 반영한 숫자이다. 따라서 대출 이자를 총액으로 따지면 어마어마한 숫자로 늘어나며, 앞의 예대금리 차액은 단순히 은행 부문(외국계 은행 제외)에서만 그렇다는 것이고, 제2 금융권인 카드·생명보험·손해보험·저축은행·파이낸스 등의 광범위한 변형 금융권까지 생각하면 대출이자 총액은 거의 천문학적인 숫자가 나올 것이라고 본다.

다음의 표는 KB국민은행의 예대금리차의 마진이다. 그런데 금융감독원의 자료를 보면, 2017년 1분기에만 당시 예대금리차가 1.99%로 국내 은행이 8조 8,000억 원가량 분기 예대마진을 챙긴 것으로 나오고, 2018년 1분기에는 이러한 예대금리차가 2.06%로 확대되며 9조 7,000억 원의 예대차를 내었다. 한국 경기는 불황으로 움츠렸는데, 국내 은행들의 돈주머니는 '두둑'하다는 사실은 무엇을 시사하고 있는 것일까? 그것도 국책 은행 중 하나인 IBK기업은행의 예대마진 수익이 가장 높은 것으로 집계됐다.

KB국민은행의 순이익 마진(단위: %)

순이익 마진(NIM)	KB국민은행
2016년 평균	1.57
2017년 평균	1.69
2018년 상반기 평균	1.705

출처: KB국민은행

예대마진이 가장 높은 상위 7개 은행(단위: 백만 원)

순위	은행명	2015	2016	2017	소계	2018반기	합계
1	IBK기업은행	5,169,665	5,230,760	5,459,015	15,859,440	2,901,610	18,761,050
2	KB국민은행	3,627,406	3,866,706	4,461,845	11,955,961	2,372,995	14,328,956
3	NH농협	3,512,545	3,846,389	4,047,816	11,406,750	2,169,618	13,576,368
4	우리은행	3,246,149	3,393,600	3,599,536	10,239,287	1,880,302	12,119,589
5	신한은행	2,963,437	3,196,417	3,507,548	9,667,402	1,902,693	11,570,095
6	KEB하나은행	2,833,509	2,966,129	3,383,578	9,183,216	1,817,811	11,001,027
7	KDB산업은행	2,924,243	2,549,457	2,540,034	8,013,734	1,304,170	9,317,904

출처: 금융위원회, 국회

위의 표에서 보듯이, 예대마진이 가장 높은 상위 7개 은행 중 정부 지분이 가장 높은 은행이 1등을 비롯하여 4개 랭킹에 올라와 있다. 이 정도면 정부 소유 은행들을 모두 민영화하는 게 차라리 국민 후생에 더 도움이 될 상황이다. 제2 금융권까지 이야기를 확장하면, 너무 복잡해지므로 이 정도에서 요약하려고 한다. 은행을 비롯한 금융권에 한국은행의 기준 금리보다 훨씬 더 많은 웃돈을 얹어 돈을 갖다 바쳤다고 요약할 수 있다.

정부 지분이 높아 사실상 국책 은행에 유사한 은행에 대한 고객 중심으로의 서비스 질의 변화를 시장 논리에 의하여 향후 유도하지 못할 경우, 민간 은행에 대한 금융당국의 가이드는 그 효과가 제한될 수밖에

한국 은행들의 대손충당금 적립률(단위:%)

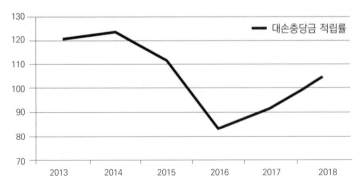

출처: 금융감독원

없다. 미국에서는 예대마진이 1992년 이후 장기 하락 추세가 몇 번의 금융 위기 속에서도 확연한 가운데 소폭 등락하고 있는 반면에, 한국의 경우 2012년을 기점으로 명확한 금융 위기가 없었음에도 소폭이라도 2019년까지 7년간 예대마진의 상승 추세가 유지되고 있는 점이 놀랍다. 2016년부터 나타난 금융당국의 대손충당금 추가 적립 압력을 은행의 자체 노력보다는 고객에게 사실상 모두 전가하는 양상이다.

· 너무 많은 법과
· 그 이해 관계자들

대한민국의 법률·대통령령·총리령·부령 등의 법령 수는 계속 늘어나기만 하여, 법제처의 공식통계 기준으로 법령 수는 4,800개를 넘는다. 다음의 표에서 빠진 기타 법령을 포함한 수치이다. (유효 여부가 애매한 법령의 수까지 합치면 실제로는 몇백 개나 더 많다.)

그런데 여기에는 자치법규 수는 빠져 있다. 조례 수 8만 3,809개와 규칙 2만 5,472개 등을 포함한 총 유효한 현행 법령 수는 2019년 7월 기준으로 11만 4,527개이다. 이러다 보니, 사실 한국의 모든 국민에게 이 11만 개가 넘는 법령을 문구대로 모두 적용하면, 대부분의 국민이 범법자가 될 위험이 있다. 이렇게 늘어나는 법령들은 결국 국민과 기업들의 목을 조인다. 하지만 국민 모두의 목이 조이는 게 아니며, 법으로 먹고사는 법조

대한민국의 법령 수(단위: 건)

구분	법률	대통령령	총리령·부(부)령	소계
2011	1,213	1,455	1,135	3,803
2012	1,286	1,492	1,151	3,929
2013	1,304	1,518	1,189	4,011
2014	1,342	1,557	1,214	4,113
2015	1,366	1,599	1,239	4,204
2016	1,397	1,638	1,270	4,305
2017	1,417	1,665	1,285	4,367
2018	1,448	1,696	1,303	4,447
2019. 7월 말	1,461	1,714	1,322	4,497

출처: 법제처

이해 집단의 파이는 오히려 커진다. 잘 알고 있듯이 법조 이해 집단은 검사들의 집단, 판사들의 집단, 그리고 퇴직 후 변호사들의 집단이 대표적이다.

또한 국회의원의 의원 발의 법안 수도 매년 폭발적으로 증가하고 있다. 왜 그러한가? 의정 활동 감시라는 허울 좋은 명목으로 정부의 막대한 보조금을 받는 시민단체들이 국회의원 등의 의정 활동을 발의 법안 수에 따라 점수화하여 '우수 의정 국회의원들'을 선정하니, 국회의원 입장에서는 다음 선거에서 우수 의정 활동으로 뽑혔다고 선전이라도 하려면 미친 듯이 의원 발의에 동참해야 된다.

의원 발의 법안 건수와 가결 법안 수(단위: 건)

구분	의원 발의 법안 수(총 발의 수)	법률 반영(가결+대안 반영) 수
14대 국회	321(902)	728(656+72)
15대 국회	1,144(1,951)	1,424(1,120+304)
16대 국회	1,912(2,507)	1,579(945+634)
17대 국회	6,387(7,489)	3,766(1,913+1,853)
18대 국회	12,220(13,913)	6,178(2,353+3,825)
19대 국회	16,729(17,822)	7,429(2,793+4,636)
20대 국회 (임기 1년 남은 시점 기준)	20,204(21,149)	6,027(2,302+3,725)

출처 : 국회의안 정보시스템

이러한 상황이다 보니 사실상 자영업을 하든지, 아니면 기업을 경영하든지 11만 개가 넘는 총 법령들의 조항을 하나도 어기지 않는 경우는 현격하게 줄어든다. 그러니 성공한 기업일수록 '코에 걸면 코걸이요, 귀에 걸면 귀걸이가 되는' 법령들의 한 가지만 걸고 넘어져도 다 걸리는 상황이 닥치게 되고, 이 많은 법령들의 최대 수혜자인 법조 이해 집단이나 이들의 인사 고과 권한을 가지고 있는 정책 당국의 눈치를 보느라 막대한 자원이 소요된다.

일단 언론에서 시끄럽게 이슈가 되면, 기소권을 가지고 있는 법조 단체들의 불편한 시선을 받을 수 있다. 제품 판매를 늘리기 위한 실질적인 광고 효과는 적더라도, 초반에 트집 잡히지 않는 차원에서 실질 광고 효과 이상의 비용을 지불하고 아부를 할 수 밖에 없다. 그래도 운 없이 언론에 뉴스 보도되어 세간에 이슈화되면, 법조 이해 그룹의 '공식적인 먹이 사슬'을 통하여 비공식적인 해결을 어떻게든 모색해야 한다. 바로 전관예우가 그 예이다.

결국 서초동은 줄지 않고 늘어만 가는 법령 증가세의 수혜지 중의 하나가 된다. 법령이 간소화되어야 국민들이 이익을 볼 수 있는데, 법령 간소화는커녕 그 수가 늘기만 한다. 왜 그럴까? 그것은 법령이 간소화함으로써 이익을 얻는 국민들의 힘보다, 법령이 늘어남으로써 이익을 얻는 이해 집단의 힘이 더 크기 때문이다. 혹자는 설마 그게 사실이냐고 반문하겠지만, 속사정을 들여다보면 틀림없는 말임을 알게 될 것이다.

만약 지금까지처럼 법령 증가세가 계속 이어진다면, 2032년에는 자치법규를 제외하고도 6,000개가 넘는 법령들이 국민과 기업의 목을 조일 것이다. 국회의원들이 법안 발의를 하지 않고 놀아야지 국가 발전이 되는 우스개 같은 비유가 절실한 상황이다.

뱃삯보다 더 비싼
부대비용

　중국 기업인은 한국 기업인보다 더 자본주의적 마인드에 충실한 경우가 많다. 그 예를 하나 이야기하겠다. 중국과 한국 간에는 무역이 이루어진다. 대부분의 무역은 40ft 컨테이너 또는 20ft 컨테이너에 물건을 실어 각국으로 이동한다. 이때 고려해운·한진해운·현대상선 등의 한국 선사船社를 이용할 수도 있고 완하이WANHAI, 시노코SINOKOR, 장금상선 등 중국 선사의 배를 이용할 수도 있다. 컨테이너 속의 물건은 동일하고, 가는 노선도 동일하며 단지 이용하는 배만 다르다. 그런데 선사의 차이에 따라 어떠한 일이 벌어질까?

　중국 칭다오Quindao항에서 한국 인천항으로 물건이 들어온다. 해상 운임은 중국의 수출자가 부담하는 조건CFR 내지 CIF 조건, 해상 운임을 이미 지불한 조건이다. 인천항에 물건이 도착해서 인천항에 접안하기까지의 해상 운임은 중국 수출자가 낸다. 하지만 인천항에 도착 후 중국 선사는 해상 운임보다 평균 3배(경우에 따라서는 4배)가 넘는 하역비 등 부대비용을 한국 수입자에게 요구한다. 한국 수입자 입장에서는 기가 막힌 일이다.

분명히 해상운임을 중국 수출자가 부담하는 조건으로 물건 값도 협상하여 결정했는데, 막상 인천항에 도착한 물건을 찾으려니 해상 운임의 3배가 넘는 부대비용을 버젓이 청구한다. 너무 화가 나서 클레임을 걸어보지만 한국에 있는 중국지사나 대리점은 '본사가 시켜서 그렇다'는 말만 반복할 뿐이다. 괜히 물건을 빨리 찾아가지 않고 인천항에 오래 놔두면 부대비용이 추가로 청구된다. 목적지 항구에 물건이 도착한 이상, 인천 보세지역을 빠져나가기 전에는 물건의 진짜 주인보다 물건을 갖고 온 운송사가 오히려 갑甲이다.

중국 선사의 횡포는 여기서 멈추지 않는다. 해당 컨테이너를 인천항 보세구역에서 가지고 나와 내륙 목적지로 운송하기 위한 내륙 운송이 필요한데, 그때 이용할 운송사를 물건 주인이 결정하지 못하게 하고, 중국 선사가 지정하는 회사를 이용하게끔 한다. 당연히 '지정 운송사'는 물건 주인이 내륙 운송사를 결정하는 '자가 운송'보다 약 10% 높은 운송비를 요구하고, 물건 주인은 울며 겨자 먹기로 운송비를 더 지불한다.

중국 선사들의 이런 못된 상술을 한국 선사들도 배워 조금씩 따라 한다. 하지만 한국 선사는 본사가 대부분 서울 소공동 부근에 있기 때문에, 혹시라도 회사를 찾아가서 강렬하게 항의를 당할 우려가 있어서 중국 선사보다는 비교적 덜 하다는 점에 만족하는 것이 한국 무역의 현 상황이고, 현재는 한국 선사의 부대비용도 중국 선사의 90% 수준까지 따라간 실정이다.

배 노선이 한국 선사가 없는 노선일 경우, 갑의 위치를 상황에 맞춰 최고조로 활용하는 중국 선사에게 물건 주인들은 당할 수밖에 없었고, 지금은 선사의 국적을 불문하고 관행으로 빠르게 굳어져 갔다. 왜냐하면, 컨테이너를 들어오는 통로의 문고리 열쇠를 그들이 가지고 있기 때문이다. 물건 주인은 그 통로를 이용하기 위해서는 주인 행세도 못한다.

이처럼 뱃삯은 이미 지불하였는데, 엉뚱하게 승선 및 하선비 등의 부속 삯을 본 삯보다 훨씬 더 많이 요구하고 있다. 왜냐하면 이미 짐 싸고 선착장에 온 이상 다시 돌아가기 힘들고, 승선을 한 이상 하선을 해야 하기 때문이다. 과거에는 도의상 하기 힘들었던 일들이 현재에는 당당하게 벌어지고 있다. 특히 그 대상이 재화물건인 경우에는 더욱 그렇다. 하선하여 보세구역을 벗어나는 내륙 운송을 하는 회사를 화주에 의한 자가 운송을 불허하고 지정된 회사를 이용하는 비싼 라인운송을 강요한다. 2032년에는 이러한 현상이 개선될까, 아니면 더 심화될까? 특별한 조치가 내려지지 않는다면 관행으로 굳어져버린 이 부대비용 문제는 언제까지고 계속될 것이다.

이 문제는 의외로 간단하게 해결할 수 있다. 부대 서비스료 청구를 본 서비스료보다 2배 이상 청구할 수 없게 법으로 제한하면 되기 때문이다. 하지만 정부 및 정치권이 해결에 관심을 가지지 않기에 악습이 사라지지 않고 있는 상황이다.

평택항 옆에 두고
인천항으로 간다

한국 경제를 갉아먹는 부조리는 또 있다. 물건의 도착 목적지가 경기도 화성이면, 인천항보다는 평택항으로 컨테이너를 반입하면 항구에서 화성까지의 내륙 운송비가 더 싸다. 화성에서 평택까지의 직선거리가 인천보다 훨씬 짧기 때문이다. 하지만 실제로는 화성이 목적지인데도 불구하고 인천항으로 물건을 가지고 들어온다. 왜 그럴까?

평택항은 인천항보다 물동량이 절대적으로 작지만, 세관 검사는 그 비율만큼 줄어들지 않고 훨씬 높다. 그런데 컨테이너가 세관 검사로 지정되면, 세관 검사를 통과하는 과정에서 추가적으로 하루를 더 소요할 뿐만 아니라, 대형 엑스레이 투시기에 들어갔다가 나오는 비용을 수입자가 부담해야 한다. 운이 없을 경우 컨테이너 문을 강제로 열고, 물건을 다 꺼내서 검사를 진행하기도 하는데, 세관에서는 그 막대한 용역 경비를 수입자에게 청구한다.

우리가 여행 갔다가 인천 공항에서 세관 검사 X레이에 들어가는 것과는 추가 경비 발생 차원이 완전히 다르다. 그리고 평택항은 이러한 항만 물동량에 비해 컨테이너 검사를 하는 준공무원 조직이 크기 때문에 컨테이너 검사가 자주 지정된다. 과거에 수십 차례 검사를 진행했음에도 밀수품이 전혀 없는 것으로 검증되었던 적이 있는데 말이다.

사업을 하는 입장에서는 물건의 회전율이 자금 여력에 직접적으로 영향을 미치기 때문에 목적지가 화성이더라도 평택항을 이용하기보다는 내륙 운송비를 더 주고서라도 인천항에 도착시켜달라고 수출자에게 주문한다. 무역의 특성상 선결제된 자금을 빨리 회수하기 위해서, 충청북도가 최종 목적지인데도 막대한 내륙 운송비가 들더라도 평택항 대신 부산항에 도착시키는 경우도 있었다. 세관 검사에 지정되어 자금을 며칠이나 더 묶이는 것보다는 낫기 때문이다. 대부분의 소비자들은 중간 무역상들의 이러한 사정을 잘 모를 것이다. 앞서의 이야기들은 내가 십여 년 이상 직접 겪은 실화들의 일부이다.

이러한 체험 사례를 이야기를 하는 것은 이러한 속사정이 한국 경제를 갉아먹고 있다고 보며, 앞으로 한국 경제 성장률이 세계 평균 성장률 수준으로 복귀하거나 상회하기 위해서는 이와 같은 문제들을 해결할 필요가 있다고 보기 때문이다. 또한 이 문제들을 살피지 않고서는 앞으로의 한국 경제 전망을 구조적으로 살필 수 없기 때문이기도 하다.

한국 수출입액 대상국 순위(2018년 기준)

수출 대상국		수입 대상국	
1위	중국	1위	중국
2위	미국	2위	일본
3위	EU	3위	EU
4위	일본	4위	미국

그동안 미래를 전망하는 데 있어서 필자와 같은 이런 실무 경험이 전무한 사람들이 트렌드라는 추상적인 개념에 의존하여 미래 경제를 전망하는 경향이 많았다. 그들의 말은 현장에서 경제 전쟁을 치르는 시장 참가자들에게는 피부로 전혀 실감나지 않는 공허한 이야기로 들리기 쉽다.

나는 물건의 국내외 이동 과정을 사례로 들었지만, 그 외에도 이러한 부조리를 일삼는 집단들이 매우 다양한 분야에서 더 조직화되고 있다. 그야말로 한국에 만연해 있는 갑질 문화가 조직이라는 수단을 통하여 다양한 형태로 변형되고 그 생존력이 더 높아지고 있다는 점을 볼 때 한국의 경제 성장은 답보할 가능성이 크다.

때로는 이러한 기득권 세력을 본래의 조직 탄생 의도와 전혀 다른 모습으로 예상치 못한 곳에서 만나며 그 힘에 충격을 받을 수 있다. 만약 취미 차원이 아니고, 생존 차원에서 미래를 전망 분석하고 대처할 것이라면 이러한 변형 그룹의 출현에 대한 추이를 살펴볼 필요가 있다.

꿩 먹고 알 먹기식으로 부당한 이익을 취하고 있는 준 국가조직은 의외로 방대하다. 밀수를 방지하기 위한 컨테이너 세관 검사 비용을 당국이 부담하지 않고 컨테이너 화주에게 청구한다. 검사에 걸릴 확률도 표준화되어 있지 않으며, 어떤 항의 경우 수익을 확대하기 위해 다른 항에 비해 현격하게 검사에 걸릴 확률이 높다. 당초 지역 발전 및 지역 경제 활성화 차원에서 국가 예산을 들여 증설한 항만 시설의 활성화가 지체되는 이유는 무역 당사자들 때문인가, 아니면 항만 관계기관 때문인가? 2032년에는 이러한 현상이 개선될까, 아니면 더 심화될까?

한국에서 자체 경쟁력을 확보하지 못하는 민간기업이 위와 같은 행태를 보이면 시장 원리에 의해 자연스럽게 도태된다. 반면 한국 경제에서 공공 자본은 상대적으로 경쟁력이 뒤쳐져도 계속 생존한다. 왜냐하면 정부 당국이 공공성과 시장성 간의 현명한 구별과 관리를 할 능력이 사실상 약하기 때문이다.

결국 경제에 있어서 공공 자본이 과다하게 그 비중이 높아지지 않도

록 유도하는 '정책 균형추'가 향후 완성되어야만 시장 원리에 반하는

공공 자본의 횡포가 줄어들 것이라고 본다.

조직의 절반이
도장만 찍는다

사회생활은 조직생활이다. 조직은 어떤 곳에 자리 잡든지 유사한 행태를 보인다. 그런데 한국의 두 대표적인 조직의 행태가 교과서에서는 절대 가르쳐주지 않는 매우 이질적인 방향으로 바뀌고 있다. 출발할 당시에는 유사하였으나, 지나고 나니 태생적 유사점이 다른 방향으로 각각 변형되었다.

이 두 조직은 바로 '공무원 조직'과 '사기업 조직'이다. 내가 아는 한 사람은 사기업에서 15년 이상 근무했고, 그의 아내는 공무원으로 15년 이상 근무했다. 그의 아내가 속한 부서의 인원은 22명가량이다. 업무 시간에 그들 모두 책상에 앉아 있지만 실제로 실무·기안·문서 작성 등의 일을 하는 사람은 절반 이하인 30~40%이고, 나머지 60~70%

는 특별한 실무를 담당하지 않고 '결제 도장'만 찍는 사람들이다. 즉, 그 조직의 절반 이상은 개인적인 인터넷 서핑 및 쇼핑 과정에서 컴퓨터 자판을 치는 경우는 있어도, 업무를 위해 컴퓨터 자판을 치지는 않고 결제라인 해당 칸에 도장만 간혹 찍으면서 시간을 채운다. 그런데 정부에서 공무원을 더 채용하라고 다각도로 압력이 들어오니, 살살 눈치를 보면서 한두 자리를 억지로 더 만들려고 한다.

반면 남편 쪽은 엇비슷한 규모의 사기업 조직에서 근무하는데 도장만 찍는 사람은 딱 1명뿐이고 대부분의 직원이 정신없이 바쁘다. 해당 직무에 실무적으로 일하는 시간이 대부분이며, 일 하는 척 시늉만 하고 이런저런 개인 용무를 볼 시간적 여유가 없다. 과장이 아니라 실제로 이런 일이 수없이 많다. 그리고 이러한 상황은 다음의 표에서 보는 바와 같이 국가 공무원이 급격하게 증가되기 전인 2017년 상황이었으며, 국가 공무원을 매년 3만 명씩 늘리는 2018년과 2019년은 더 심하면 심하지, 완화되지 않을 상황이다.

2018년도 중앙 국가공무원 공채는 총 6,106명 규모이었고, 2018년 지방공무원 채용은 2만 5,692명 규모로 전 년 비 28% 증가했다. 이 총 규모는 과거 30년 평균 수치보다 3배에 달하는 수준이며, 2019년에도 중앙 국가공무원은 이 수준의 소폭 상회가 예상된다. 지방공무원 채용은 다시 전년 대비 8%가 증가할 것이라고 추정된다.

한국 공무원 증감 규모 추이(단위: 명)

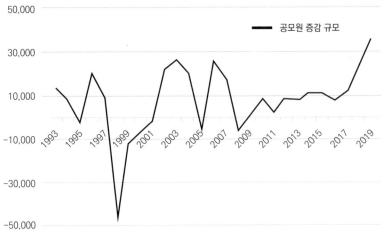

출처: 행정안전부

　왜 이렇게 공무원 조직의 성격과 사기업 조직의 성격이 판이하게 달라지고 있는 것일까? 사기업 조직은 철저하게 시장 지향적일 수밖에 없다. 조직의 수익성 창출 여부에 따라 조직원의 운명도 밀접한 관련을 가지고 있고, 인터넷·컴퓨터를 활용한 회계 등 각종 프로그램의 도입으로 인해 과거와 달리 업무 효율성이 높아졌기에 인력 숫자 확대가 기업 경쟁력 확대로 이어지지 않고, 오히려 적정 인력을 유지하는 것이 중요해졌다. 반면 국가 공무원 조직은 시장 지향성과 일정 거리가 있을 수밖에 없다는 점은 인정되지만, 그 괴리가 사기업 트렌드와 과거보다 더 점점 현격하게 벌어지고 있다. 결국 이러한 비효율성이 높아지는 국가 공무원 조직의 유지비용은 국민이 부담할 수밖에 없다. 과연 2032년에 그 유지비용을 한국 국민이 부담할 수 있을까? 그리고 이러한 양상이 고착화되어 미래에도 변화가 없다면, 2032년에는 어떤 영향을 줄까?

기업도 명예퇴직 등을 통한 인위적인 인원 감소에 제동이 걸려 있는 상태이나 어느 정도 운신의 폭은 있다. 반면 국가 및 지방공무원의 수가 필요 인원보다 과다하다는 게 향후 증명되었다고 해도 이를 조절하는 기능이 사실상 신규 채원 인용의 감소뿐이며 기존 인원의 축소 수단은 전혀 없다고 보여진다. 이러한 측면에서만 본다면 한국 경제 전망은 불투명할 수밖에 없겠다.

· 한국 공기업의
· 순자산 규모는 영국의 3배

　한국의 조직들을 살펴보면 깜짝 놀랄 만큼 주인 없는 대형 조직들이 의외로 많다. 이런 주인 없는 조직들이 금융기관을 포함하여 여러 분야에서 존재하는데, 여기서는 일상 속에 가까이 볼 수 있는 사례만 제한적으로 살펴본다. 국가 소유인 땅에 생명보험협회에서 어린이집을 건축하여 국가에 기증하였다면 그 어린이집은 국민의 소유일까? 아니다. 그 운영권을 받은 자가 운영 주체이며, '국가의 공유 자산'보다는 '해당 업계의 먹이사슬' 논리를 추구한다. 또 다른 변형 형태를 예시하겠다.

　지방단체 구청 소유의 땅에 구립 어린이집이 있다. 특정 개인이 지은 25년가량 된 유치원들은 계속 잘 사용하고 있는 반면에 같은 연수의 구립 건물은 허물어지고, 거의 같은 규모의 새 건물이 일반적인 건축비보다 2배가량 많은 예산이 책정된다. 그런데도 예정된 시기에 건물이 완공되지 못하고 추가 예산이 요구된다. 왜 이러한 일들이 벌어질까? 바로 주인 없는 조직들을 점유한 사람들이 '자기 돈이 아니므로' 실리적으로 행동하지 않는 것이 원인이다.

우리 주변에서 조금만 관심을 가지고 보면, 부조리하고 이상한 일들을 부지기수로 찾게 된다. 그리고 이 조직의 고리는 우리의 상상 이상으로 정교하다. 일례로, 구청 소유의 문화회관에 '예식장 사업권'을 획득한 주체가 그 사업을 통해 벌어들인 자금을 밑천으로 이후에 해당 구청장 후보로 나왔고, 결국 구청장이 되었다. 고양이 앞에 바로 생선을 대령한 것과 같은 결과를 낸 것이다. 바로 그 지역 유권자들이 말이다! 그런데 그 지역 유권자들의 95% 이상은 이 사실을 모르는 것으로 판단된다. 그만큼 먹이 사슬의 핵심은 대중에게 알려지지 않는다. 왜냐하면 그 지역 언론도 구청에 밉보이면 먹고사는 게 힘들어지기에 구청에 불리한 기사를 실지 않기 때문이다.

한국의 이러한 주인 없는 공기업 자산규모가 세계 최대 수준이다. 2011년 8월 기준으로 한국 공기업의 순자산 가치는 1,777억 달러 수준으로 OECD 회원국 중 최고 수준이다. 특히 국내총생산 대비 공기업 순자산 비율이 매우 높다. '공기업 순자산/GDP'의 한국 비율은 16.8%로 OECD 평균의 1.7배 수준이며, 독일은 1.2%이고 일본은 0.6%와 비교할 때 지나치다. 심지어 세계 최고의 복지국가인 스웨덴의 14.3%보다 높다. 영국보다 한국의 공기업 순자산 규모는 3배 더 많다.

OECD 국가별 공기업 순자산 가치 비교(기준 시점: 2011년 8월)

국가명	공기업 순자산 가치(단위: 억 달러)
한국	1,777
프랑스	1,577
노르웨이	1,310
이탈리아	1,054
폴란드	935
스페인	806
네덜란드	741
스웨덴	677
영국	674
벨기에	578

출처: OECD

한국의 주인 없는 조직은 세계 최고 수준으로 방대하다는 사실을 직시해야 될 때이다. 2032년을 향한 한국 경제가 순탄하지 않을 경우, 세계 최고 수준의 한국 공기업 자산의 효율화라는 정책 카드를 일차적으로 고려해야만 함을 시사한다. 한국 공기업 영역의 과잉이 OECD 최고 수준이라는 것은 반대로 말하면 민간기업 영역의 과소를 의미하기 때문이다.

메르세데스 벤츠를 통해 보는
한국의 과소비 경향

    홍콩에 가면 롤렉스 매장에 사람들이 북새통을 이루어 깜짝 놀라게 된다. 세계 공장 역할을 하는 중국 본토에는 신흥 부자들이 가파르게 증가하였다. 여자는 핸드백, 반지, 귀걸이 등 귀금속을 비롯하여 여러 가지 루트로 자신이 돈이 있다는 걸 보여줄 수 있다. 시계도 여성의 신분을 나타내기도 하는데, 피아제Piaget, 반클리프 앤 아펠Van Cleef & Arpels 등 선택의 폭이 다소 있는 편이다.

    남자의 경우, 중국 본토가 남부 지방의 땅도 넓은지라, 반팔을 입는 여름에 자신의 신분을 보여줄 수 있는 게 사실상 손목시계에 집중된다. 그러다 보니, 중국 본토의 신흥 부자 남자들은 의외로 절대 다수가 금빛 롤렉스 시계를 차는 경우가 많다. 홍콩 주룽 쇼핑가에서 아침 개점

시간에 롤렉스 매장을 지나간 적이 있었다. 그 시간에 다른 가게는 유리창을 닦고 있을 정도로 한산한데, 롤렉스 매장만은 구경꾼이 아니라 구입자로 보이는 10여 명이 사람이 있는 걸 보고 충격 받았다.

아시아 각국에 흩어진 화교 기업인들은 그렇게 롤렉스 시계를 많이 차지 않는데, 중국 본토의 신흥 부자들은 자신의 지위를 분명하게 보여주기 위한 방법으로 롤렉스 시계를 차는 듯했다. 롤렉스Rolex는 스위스 시계로 알고 있는 사람이 많은데, 사실 설립은 영국 런던에서 했고 1919년에 스위스 제네바로 본사를 이전하여 현재에 이른다. 롤렉스는 시계의 구동을 위해 건전지를 사용하지 않고, 그래서 시계를 차고 움직일 때 생기는 운동에너지를 축적하여 시곗바늘이 움직이는 오토매틱 무브먼트를 사용한다. 시계를 며칠 동안 차지 않으면 시곗바늘이 멈춘다. 꾸준히 손목에 차고 움직여야 시곗바늘이 멈추지 않는, 사실은 '좀

한국 롤렉스 매출(단위: 억 원)

연도	매출
2013	859
2014	964
2015	3,260
2016	3,106
2017	2,994
2018	3,113

출처: 한국 롤렉스

스위스 시계의 국가별 수출 순위

순위	국가
1위	홍콩
2위	미국
3위	중국
4위	일본
5위	영국
6위	이탈리아
7위	독일
8위	싱가포르
9위	프랑스
10위	아랍에미리트
11위	한국

출처: 스위스시계산업연맹

귀찮은 물건'인 셈이다. 편리성으로 따지면, 애플워치나 스마트워치가 몇 수 위이다. 그렇지만 적어도 중국 신흥 부자들은 편리한 애플워치에는 전혀 관심이 없다. 누구나 찰 수 있는 시계이기 때문이다.

위의 스위스 시계의 국가별 수출 순위를 보면, 1위는 홍콩이고 3위는 중국이다. 1위인 홍콩은 중국 본토에서 온 구매자들이 홍콩 거주자 및 타 국적 외국인 구매자들보다 더 많으므로, 1위와 3위를 묶어 중국으로 계산하는 접근 방식이 더 높은 설득력을 가진다. 한국은 세계 11위의 스위스 시계 구매국이다.

2018년 기준으로 한국 국가 GDP 순위가 세계 11위라는 점을 감안

메르세데스 벤츠 2017~2018년 국가별 판매 순위

순위	국가
1위	중국
2위	미국
3위	독일
4위	영국
5위	한국
6위	프랑스
7위	일본
8위	이탈리아

출처: 메르세데스 벤츠

할 때, 스위스 시계 구매에 있어서는 한국이 GDP에 비례하는 정도의 순위를 보인다고 해석된다. 반면, 수입 자동차 이야기로 들어가면, 이야기는 또 달라진다.

　메르세데스 벤츠의 독일을 포함한 국가별 판매 순위를 보면, 1위는 중국이고 5위는 한국이다. 한국의 경제 규모에 비해 벤츠의 수요에 있어서는 확실하게 과소비 국가이다. 그런데 벤츠의 모델별로 세세히 따져보면, 이러한 한국의 과소비 성향이 더욱 극단으로 치닫고 있음을 알 수 있다. 자동차 값이 1억 원에 육박하는 E-Class 모델 벤츠 승용차는 세계 1, 2위의 차이가 극히 작아, 사실상 미국과 공동 1위 판매국을 2018년에 한국이 차지했다. 소위 억대 S-Class 벤츠 모델에 있어서는 한국이 Top 5위권 안에 올랐다.

이상을 요약하면, 손목에 차는 롤렉스 등의 시계 측면에서 한국은 GDP 순위에 딱 맞는 소비국이다. 외관상 더 눈에 띄는 승용차 부문에서 한국은 세계 최상급 레벨로 과소비 성향이 높다. 벤츠를 타는 한국 사람들은 평균적으로 자신이 가진 부富보다 훨씬 과장된 차를 타고 있을 가능성이 매우 높다고 표현할 수 있다. 왜냐하면, 미국 GDP는 2017년 기준으로 19.39조 달러이다. 한국 GDP는 2017년 기준 1.53조 달러이다. 미국의 GDP 규모가 한국보다 12.7배 높다. 그런데 한국과 미국의 메르세데스 벤츠 E-Class 판매 대수는 2018년 거의 유사하다. 벤츠를 타는 한국인이 미국보다 12.7배 더 과소비를 한다는 말에 대해 어떻게 반론을 펼 것인가? 아마 어떤 반론도 할 수 없을 것이다. 이것이 한국의 경제의 현 위치이다.

겉치레를 중시하는 한국의 소비 패턴이 향후 실속을 챙기고 소비 개성의 다양화가 나타나는 쪽으로 트렌드가 반전할 개연성이 높아 보인다. 그렇게 보는 이유는, 한국이 2026년과 2032년 사이에 일방적으로 예상하는 수준 이상의 거대한 충격을 하나도 아니고 두 개의 충격이 연달아 올 가능성이 엿보이기 때문이다. 브레이크가 고장 난 차는 어떻게 멈출 수 있을까? 답은 딱 두 가지이다. 하나는 어딘가를 충돌해야지만 멈추게 되고, 다른 하나는 아주 가파른 오르막을 만나면 멈추게 된다. 벤츠로 상징되는 한국 과소비도 마찬가지이다. 겉치레를 중시하는 한

국의 소비 패턴은 예상하는 것 이상의 충격이 한국 경제에 가해짐으로

인해 강제적으로 소비 트렌드가 변할 가능성이 높다.

· 진짜 비즈니스는
· 강남이 아니라 강북에서

　우리는 언론 등 미디어를 통해 '강남'에 대한 이야기를 많이 접한다. 그러나 언론을 통한 정보는 일정 부분은 사실이나 또 일부는 과장되거나 축소되기도 한다. 흔히들 아는 대치동 학원가 이야기처럼 비즈니스도 강남이 최고라고 착각하기 쉽다. 그러나 진짜 비즈니스는 강남이 아니라 강북에서 이루어진다. 면세점 판매시장의 현황을 통해 그 근거를 설명하고자 한다.

　한국 면세점 Top 3는 롯데, 신라, 신세계 순이다. 그 외에 현대, SM 등 여러 후발 주자가 있는데, 면세점 매출을 강북과 강남으로 나누어 보면, 강남은 강북의 4분의 1도 따라 잡기 힘든 실정이다. 그만큼 강북에서 훨씬 더 큰 비즈니스가 이루어진다.

2018년 서울 시내 면세점 매출 순위표

면세점	소재지	매출액
롯데면세점 명동본점	강북	4조 2,023억 원
신라호텔면세점 서울점	강북	2조 8,842억 원
신세계 명동본점	강북	1조 9,863억 원
HDC신라면세점	강북(용산)	1조 878억 원
롯데면세점 월드타워점	강남(잠실)	1조 207억 원
두타면세점	강북	6,817억 원
동화면세점	강북	3,475억 원
갤러리아면세점63	준 강남, 강남과 강북 사이	3,470억 원
롯데면세점 코엑스점	강남	2,146억 원
신세계면세점 강남점	강남	1,782억 원
현대백화점 면세점 무역센터점	강남	639억 원
SM면세점 서울점	강남	585억 원

출처: 관세청

롯데면세점 명동 본점은 2018년 매출 4조 원을 넘어선 반면, 잠실역 106층 건물에 화려하게 자리 잡은 월드타워점은 강남의 다른 면세점들에 비해서는 최고의 영업 신장률을 보였지만 명동 본점에 비하면 4분의 1 규모인 약 1조 원의 매출을 기록했다. 3위권 밖으로 이야기를 확장하면, 강남이 더 심각한 모습을 보인다. 현대백화점 면세점 무역센터점은 개장 2개월 만에 419억 원의 순적자를 기록했다. 신세계면세점 강남점도 강남 고속터미널에 자리 잡아 백화점 매출은 최고를 기록하고 있는 반면 같은 건물에 있는 면세점은 개점 초기 6개월 동안 적자를 보이고 있다.

일상적으로 우리가 생각하는 강남과 강북의 이미지를 생각하면, 면세점 매출이 엇비슷하거나 강남의 매출이 더 많아야 하는데, 왜 강북 면세점 매출의 4분의 1도 되지 않는 걸까?

첫 번째 이유는 면세점의 가장 큰손인 중국 구매자들의 다수를 이루는 '중국 구매 대행자(소위 다이공이라 불리는 보따리상)'들이 상대적으로 강북 면세점을 많이 이용하기 때문이다. 다이공은 먼저 주문을 받고 그 주문대로 물건을 사러 다니기 때문에, 그들로서는 아무래도 조금이라도 더 큰 면세점을 이용하는 게 편리하다. 작은 규모의 면세점에서는 주문받은 수량보다 준비된 물건 수량이 적은 경우가 가끔씩 발생하기 때문이다.

두 번째 이유는 구매자가 국내 거주자들인 경우에도 자비로 해외 관광을 하지 않고 출장으로 해외 가는 거주자들이 강북 면세점을 더 이용하기 때문이라고 추정된다. 다른 말로 표현하면, 자기 돈 안 들이고 외국에 가는 한국인들이 상대적으로 강북 면세점을 많이 이용한다고 추정된다. 강남에도 회사 본사가 많지만, 30대 대기업의 경우 전통적으로 강북에 본점이 많이 위치해 있는 것이 하나의 원인으로 보인다.

세 번째 이유는 강북에도 부자가 많으며, 절대적인 부의 크기 면에서는 오히려 강남보다 더 클 가능성이 있기 때문이다. 강남에는 압구정동·도곡동·대치동·삼성동·서초동 등 많은 부촌들이 있다. 강북에도 한남동·성북동·평창동 등의 부촌들이 있는데 강남과 달리 단독촌 성격이라서 수 적인 측면에서 이곳에 사는 이들을 마주칠 기회보다 강남 사람을 만날 기회가 훨씬 많다. 그런데 자세히 살펴보면 5대 대기업 총수들은 대부분 강북에 산다. 서울을 제외한 경기도를 강북 접근 용이함과 강남 접근 용이함으로 나누어 볼 때, 엇비슷한 분포가 예상된다.

만약 그렇지 않으면, 첫 번째 요인과 두 번째 요인만으로는 강북 면세점 매출이 강남 면세점 매출보다 4배가 넘는 사실을 도저히 설명할 수 없기 때문이다. 압구정동 부자들이 신반포 신세계 면세점에 전부 가지 않고 모두 신라호텔 면세점으로 향했다고 가정하더라도 말이다. 전체적으로 볼 때 면세점 매출은 강북에 비해 강남은 10%대 수준이다.

중국의 사드 보복에 따른 중국 여행객 감소로 몸살을 앓던 2017년을 보면, 롯데면세점 같은 브랜드 내에서도 강북은 강남보다 한 수 위였다. 왜냐하면 당시 강남 롯데면세점은 2017년 매출이 전년 대비 감소했으나, 롯데면세점 명동 본점은 같은 시기에 오히려 매출이 1조 원가량 증가했었다. 이는 다이공이 몰리기 이전인 2015년과 비교하면 3년 사이에 세 배 이상 벌어진 수치다. 2015년 롯데면세점 본점의 매출은 2조 2,284억 원을 기록했다. 롯데면세점 월드타워점은 6,112억 원으로 본점 대비 35% 수준이었다.

매출 규모도 2015년과 비교하면 강북 지역은 대폭 상승했지만 강남 지역은 오히려 매출이 감소했다. 롯데면세점 본점은 2015년 2조 2,284억 원에서 2017년 3조 1,619억 원을 기록했다. 또한 지난해 매출 4조 원을 돌파하며 세계 면세점 매출 1위에 등극하기도 했다. 이에 반해 롯데면세점 월드타워점은 2015년에 6,112억 원의 매출을 올렸지만 사드 보복에 따른 유커(중국인 관광객)의 감소와 다이공이 몰리기 시작하는 2017년엔 오히려 5,721억 원으로 감소했다. 같은 시기 롯데 본점이 1조 원가량 증가한 것과 극명한 차이를 보였다. 이러한 예는 면세점 매출에서만 국한되는 게 아니라 한국 경제의 광범위한 면에서 나타나지만, 면세점 매출처럼 수치로 따질 수가 없기에 언급을 하지 않을 뿐이다.

　　물론 1조 원대 자산가가 강남의 34평형 아파트에 사는 경우도 보았다. 강남은 결코 무시할 수 없는 부촌이다. 하지만 강남이 최고의 부촌이라는 단순한 생각으로 접근하면 실제 트렌드와 예측 간격이 벌어지게 된다. 즉, 강남을 너무 대놓고 파는 마케팅은 그 실체가 과장되었을 가능성이 있다.

　　지금까지 세계적 트렌드와는 이질적인 양상을 보이는 한국의 특이성에 대해 여러 각도로 분석하였다. 왜 한국이 최근 10여 년가량 세계 평균 경제성장률을 하회하고 있는지 그 이유를 알게 되었다면 한국의 장기적인 경제 전망을 살피기 위한 준비가 되었다고 볼 수 있을 것이다.

3장

2032
한국의 미래

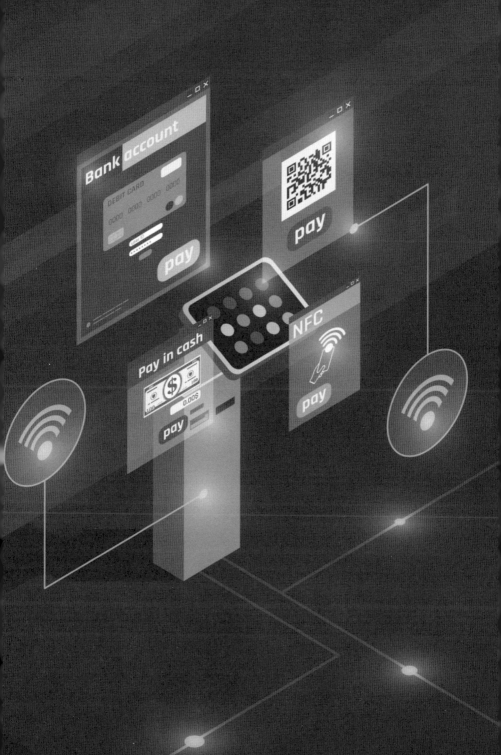

왜 장기적인 경제 전망이 필요할까?

한국 경제 현실에서 '불확실성'의 비중이 증가하는 양상이다. 과거에는 상가건물을 투자할 때 미래의 현금 흐름이 어느 정도 예상되었다. 그러나 지금은 상가를 직접 사용하지 않고 임대료 수입에 의존할 경우 공실 가능성도 높고, 상가임차인을 구해도 과거보다 물가 상승률이 높아 현금 흐름의 예상이 불투명한 경우가 많다. 사업을 시작하는 입장에서도 당장 특정 사업이 인기가 있다고 해도 그 지속성에 대한 해답은 별개의 문제가 된다.

왜냐하면, 모방 상품이나 사업에 의해 애초 주목받았던 원조 상품이나 사업에 손님을 뺏길 수도 있고 기술적 트렌드나 대중의 기호 변화가 갑자기 나타날 수도 있고 정책변수가 경제의 자생력을 해치는 방향으로 꼬여져 시장의 발목을 잡을 수도 있기 때문이다. 민병철·정철영어 등이 인터넷을 통한 모방 상품에 의해 추월당하거나 음악CD가게가 대형통신사 음원회사에 의해 전멸당하거나 과거처럼 종업원에 의존하지 않고 자기 식구들에 의존하여 운영하는 식당 등이 하나의 사례가 될 수 있겠다.

한국 경제는 GDP 등의 각종 경제수치로 봐도 '성장이 멈춘 상태'로 해석된다. 그동안 세원이 꾸준히 증가세를 보였던 국가 재정자본과 그린벨트 지역을 값싸게 확보하여 아파트 공급을 하며 땅 짚고 헤엄친 한국토지주택공사 등 공공자본과 슈퍼싸이클을 맞았던 반도체업을 제외하고, 민간 자본의 양상을 보면 뒤로 후진하고 있다. 이 후진이 지금은 가속도까지 붙은 상태이며, 바로 앞에서 거론된 3가지 착시현상을 제외한 실질 경제의 전망이 장기적인 한국 생존 전략의 가장 중요한 선결과 제라고 할 수 있다.

단편적으로나 한시적으로 맞는 이야기라고 해도, 더 큰 시야로 보면 틀린 이야기일 수 있는 현상이 점차 증가될 전망이다. '종합적 사고와 판단'을 가지고 큰 그림을 그릴 수 있는지가 장기적인 생존 가능성을 높여줄 핵심 요소이다. 그렇다면 종합적 사고는 어떻게 나타날 수 있는가?

개인 측면에서는 다양한 경험을 하면서도 그 경험들이 피상적인 수

박 겉핥기식이 되지 않을 때 '종합적 사고'에 근접할 수 있다. 집단 측면에서는 각 분야의 전문가들끼리의 활발한 토론과 의견 개진의 채널이 확보될 때, '종합적 사고'에 근접하게 된다. 사회 역동성이 강할수록, 그 사회의 정치 구조가 만들어 내는 정책 비전이 종합적 사고에 가까워질 수 있다는 말이다.

혹자는 사회 역동성을 '계층간 이동 가능성' 등의 평등주의에 입각해서만 생각하는 경향이 있는데, 한국 사회는 오히려 이러한 평등주의에 강박적 집착이 심하여 역동성을 저해하는 측면마저 보인다. 해당 분야의 천재는 나름대로 존중되어야 하며, 그럴 때 혁신 메커니즘이 자연스럽게 굴러간다. 2030년을 향하는 한국 사회에 있어서 이러한 사회적 역동성은 반드시 필요한 자산이며, '상대방을 저격하는 정치 논리와 아전인수 격 논리를 구사하는 정쟁 토론'이 아니라, '큰 그림을 그리기 위한 종합적 사고를 도모하는 차원에서의 의견 토론'으로 추세를 전환해야 하는 시기이다.

앞으로의 경제를 전망하는 영역은 미래 전망 중에서도 가장 핵심 부분이다. 여기서 가장 중요한 점은 얼마나 '단편성을 벗어나서 종합적인 전망을 하느냐' 하는 것이다. 단편성은 시간의 문제만이 아니다. 분석 시간을 길게 잡는다고 해서 단편성의 오류를 벗어나는 것이 아니다. 즉, 분석 시간을 짧게 잡느냐 또는 길게 잡느냐의 문제가 아니라, 분석 차원의 수를 얼마나 늘려 종합적으로 보느냐가 중요하다. 많은 미래 예상 오류가 발생하는 과거 사례를 되돌아볼 때, 분석 시간은 길게 잡았는데 분석 차원이 제한적이라는 느낌을 받았다. 이러한 오류는 책상에 앉아서 분석하는 접근에 치중했기 때문에 발생했다고 판단된다.

· 대형마트와
· 재래시장의 변화 양상

　이마트의 급성장세가 현실화되었을 때, 많은 사람들이 재래시장은 결국 없어지든지 아니면 극도로 축소될 가능성을 장기적으로 전망했다. 하지만 전국의 재래시장들은 과거보다는 못 하나 그 명맥을 유지하고 있다. 2018년 이마트의 실적은 매출은 10% 증가했으나 영업 이익은 2017년 대비 21% 급감했다. 2019년에는 사상 처음으로 분기 영업적자를 기록하기도 했다.

　이마트는 2014년 중국 점포 6개를 폐점하였고, 2015년에도 2개점을 폐점하였다. 한국에서 신화를 창조하던 이마트가 왜 중국에서는 맥을 추지 못한 것일까? 이 시기는 사드 보복이 있기 전인데 말이다. 왜 당초 전망과 반대되는 흐름이 나타났는지 알아보자. 중국인들의 입장에서는 농수산물을 이마트에서 살 메리트가 없었다. 중국 소비자들은 기존의 유통 채널을 통해 적당한 가격 및 품질의 농수산물을 향유하고 있는 상황이었는데, 이마트는 중국의 유통 시장에 파고들지 못한 까닭에 중국 소비자들에게 기존의 것보다 더 나은 조건을 제시하지 못했던 것이다. 중국의 농수산물 유통 경로는 한국의 유통 경로와는 판이하게 다른데, 이마트는 그 점을 제대로 인식하지 못했던 것으로 추정된다.

이마트의 실적이 하락하는 이유는 중국에만 있는 것이 아니다. 한국의 농수산물 유통 경로는 대형마트 의존성이 높았기 때문에 한동안은 문제가 없었다. 그런데 이마트가 시장점유율에 바탕한 구매력에 의존하여 공산품 구입하듯이 농축수산물을 같은 패턴으로 접근하니, 농축수산물의 신선도에 대한 고객 만족도가 점점 하락하기 시작했다.

경쟁사인 홈플러스는 처음 공산물에 대해서는 '이마트보다 비싸면 차액을 물어주겠다'는 마케팅 전략을 한동안 구사하다가, 농축수산물 신선도를 강조하는 마케팅으로 바꿨다. 신선도를 강조한 상품이 구매자들에게 좋은 평가를 받으면서 입소문을 탔다. 편의점에서도 신선 상품 전문매장이 증가했고, e커머스 비중도 서서히 늘어나기 시작했다. 20~30대 소비자들은 공산품과 농수축산물을 40~50대 소비자처럼 한꺼번에 사지 않고, '같은 공산품은 더 싸게' 그리고 '농수축산물은 맛있고 신선한 제품을 소량으로 자주 구매'하는 이원화된 접근을 하기 시작한다. 그리고 재래시장 내에서 목 좋은 곳에 자리 잡고 장사했던 개인 슈퍼마켓들이 브랜드 체인점으로 생존 방법을 바꾸었고, 편의점 장사만 하던 GS리테일이 다양한 분야로 그 외연을 넓혀 갔다.

이마트 창립 25년이 지난 현재, 2015년까지 계속 늘어나기만 했던 대형매장이 2017년과 2018년에 각각 2개점씩 줄어들었다. 반면 재래시장 내 슈퍼마켓은 간판만 체인점으로 바꿔 달고 영업을 이어 가고 있다. 중국 이마트의 철수와 한국 이마트의 수익 구조 침체의 시작점은 '농수축산물 유통에 대한 접근 방식'이었다는 점에서, 매우 중요한 시사점을 얻게 된다.

농산물·축산물·수산물은 가격을 낮추는 것도 중요하지만, 무엇보다도 신선하고 맛있어야 한다. 신선도와 맛이 보증된다면 소비자는 조금 비싸더라도 소량으로 자주 구매할 수 있는 유통 경로를 이용할 것이다. 결국 공산품 구매도 이 신선 상품에 대한 경쟁 우위를 가진 유통 경로가 서서히 유리할 전망이다.

규모가 크다고 만능이던 시대가 가고, 새로운 시대가 도래한다는 말이다. '젊은 구매층은 무거운 카트를 끌고 다니기보다는 가볍게 바구니 들고 다닌다'고 바꾸어 말할 수 있다. 장기적으로 농산물 대형 생산자 또는 생산자 연합 그리고 축수산물 가공 공장과의 연계 고리가 높은 신선식품 전문점도 유통시장에 모습을 드러낼 가능성 높다.

한국도 양적 완화 정책의 반작용 영향권에 있다

21세기 초에 발생한 미국의 금융시스템 불안정이 부른 위기는 전 세계가 십시일반으로 자금을 모아서 해결했다고 요약할 수 있다. 9·11 뉴욕 테러 사건 발발 이후 이미 미국 금융정책국은 시중의 유동성을 본격적으로 풀고 있었다. 그럼에도 불구하고 2007년에 미국의 상위 10위권 모기지론 금융기관이 파산하는 서브프라임 모기지subprime mortgage 사태가 발생한다. 그러자 이를 해결하기 위해 미국 연준리는 미국 금리를 대폭 낮추어 제로 금리 정책을 실시하는 동시에 달러화를 더욱 대폭 공급하여 시중 유동성이 더욱 팽창된다.

그럼에도 불구하고 2008년 9월 미국 상위 투자은행 리먼 브러더스가 파산했다. 그리고 두 달 뒤 흔들리는 시티그룹에 미국 정부가 3,000

억 달러를 보증하였다. 미국 정부는 프레디맥Freddie Mac과 페니메이 Fannie Mae의 국유화와 시티그룹 등에 대한 공적 자금 투입 등 총 7조 달러를 쏟아 부었다. 시티그룹은 이러한 정부의 막대한 지원과 인원 20% 감축 등을 통해 다시 살아났다. 이러한 자금의 궁극적인 원천은 어디일까?

물론 1차적으로는 미국 정부가 발행한 국채를 미국 중앙은행이 매입 하였고, 그 대금을 발권기능을 통해 인쇄한 달러화로 지급하는 방법을 사용했다. 미국 연준리가 1차 자금 원천이다. 그 달러화는 금 태환도 보 장되지 않는 미 연준리의 약속증서 성격을 가지고 있다. 2012년까지 네 차례에 걸쳐 미국 중앙은행은 '양적 완화 정책'이라는 명목으로 달러화 를 대량 인쇄, 유통하였다. 미국 및 국제 금융시장에 유통되는 달러화 수량이 부지기수로 증가하니, 미국뿐만 아니라 전 세계의 모든 사람들 이 실물자산을 팔지 않았고 물량이 한정되어 있기 때문에 부동산 등의 가격이 오를 수밖에 없었다.

결국 미국에는 자산 인플레이션이 특히 많이 발생할 수밖에 없었고, 국제 금융시장의 유기적인 상호 연관성이 높아진 현대 자본시장의 특 성상 미국 이외의 국가들에도 자산 인플레이션 전파가 불가피하게 동 시다발적으로 발생되었다. 자산 인플레이션은 시장 참여자의 성격에 따라서 순간적으로는 행복하게 느낄 수도 있겠으나, 이로 인한 후유증은 매우 긴 시간 동안 점진적으로 나타나게 된다. 쉽게 말해, 비싼 대가를 매우 긴 시간 동안 치러야 하는 게 '자산 인플레이션'이다.

2007년부터 2008년 사이에 미국에 매우 심각한 금융 위기가 발생하였고, 미국은 살기 위해서 금 태환이 전혀 안 되는 달러화를 과다하게 인쇄하여 미국 및 국제 금융시장에 공급, 이로 인해 부동산 등의 실물 자산 인플레이션이 불가피하게 발생하였다. 거기엔 금융 위기가 잊힐 만한 시점에 나타나 10여 년간 세계 경제를 압박하는 부메랑 효과가 내재되어 있다고 할 수 있다. 세계 금융시장의 관점에서는 차라리 시티그룹이 시장 논리에 따라 파산하는 게 더 나은 상황이었으나, 초강대국인 미국만이 사용할 수 있는 '달러화의 무진장한 공급'이라는 금융 무기를 이용해 단기 해결하였고, 그 비용은 언젠가 초과 공급된 달러화를 살그머니 회수하기 시작하는 시점부터 10여 년간 세계 경제 주체들의 주머니에서 돈이 나가게 된다.

이 양적 완화 정책의 반작용이 2020년부터 10여 년간 지속될 공산이 크다. 반면 미국에서의 양적 완화 정책이 과다하게 남발한 시기가 '미국 경제시각'이 오후 시간대로 진입하는 2001년부터 시작하여 2007년 이후부터는 대규모로 시행되었다는 점을 주목해야 된다. 그만큼 미국의 경제 기본 체력이 오전 시간대와는 근본적으로 다르다.

미국 경제 시계 설정표

시간	시기(년도)
오전 0시	1776
오전 6시	1914
오전 9시	1945
오전 10시	1961
오전 11시	1971
12시 정오	2001
오후 1시	2019
오후 2시	2026~2032
오후 3시	2043~2046

이미 미국 경제는 2001년 9·11 무역센터 붕괴 직후부터 가파른 금리 인하와 관성을 넘는 통화 팽창이 시작되었다는 점을 볼 때 실물 경제의 근본적인 체력의 최고조라고 할 수 있는 경제 시각 12시 정오는 2007년 리먼브라더스 사태 이전에 지났을 것으로 추정된다.

그 후유증으로 인해 격변기인 미국의 경제시간 오후 2시 진입 시기를 앞당기며, 그 이후 뒤늦게 증폭될 위험이 내포되어 있다고 판단된다. 특히 수출의 비중이 큰 한국의 경제 구조상 향후 10여 년간 양적 완화 정책의 반작용에 큰 영향을 받으리라고 본다. 특히 미국의 장기적인 양적 완화 정책이 가져온 미국 주식시장 등의 자산시장 거품이 지루하게 빠지는 국면에서 한국도 직접적인 영향이 불가피한 구도이다.

그렇다면 이 반작용에 대해 어떤 대책을 세워야 할까? 전반적인 자산 인플레이션 억제에 정책변수의 초점을 맞추기보다는 자산 간에 편애하지 않고 중립적으로 '균형 있는 정책 입안과 관리'하는 것이 매우 중요한 대안책이다. 현재는 부동산은 증세하며 박대하고 주식시장은 사실상 매매차익에 비과세하며 편애하는 세금 정책이 강행되고 있다. 이는 주식시장의 장기적인 발전에도 좋지 않으며, 같은 풍선을 하나는 바람을 마구 집어넣고 다른 풍선의 바람은 오히려 빼려는 시도로 볼 수 있다. 이는 한국 경제자본을 이루는 자산 간의 이질적인 배합으로 경제 전체의 균형이 깨며 곤두박질치게 만든다. 이 불균형을 바로잡아야 할 것이다.

한국에
금융 위기가 찾아온다

한국에서 집권당을 제외하고 그 다음으로 권력이 집중된 기관으로 어디를 꼽을 수 있을까? 여러 가지 답이 나올 수 있겠다. 대기업, 사법 그룹, 노총, 언론 등 많은 후보군을 생각할 수 있는데, 나는 그중에서도 '은행 금융그룹'을 꼽고 싶다. 영국에서 발행되는 2018년판《더 뱅커The Banker》에 의하면 세계 1,000대 은행에 진입한 한국 은행들의 순이익이 81%약 80억 달러 급증해, 이익 증가 측면에서 아시아 1위를 기록했다. 세계 전체로 보아도 순이익 상승 폭 기준으로 한국의 은행들이 세계 5위를 기록했다. 한국 은행들의 고객인 한국 기업은 2018년 영업 이익이 하락했고, 또 다른 고객인 한국 가계들은 경기 침체의 고통 속에 있는데, 한국 은행들은 어떻게 폭리를 취할 수 있었을까?

은행은 기본적으로 돈 중개상이다. 예금으로 돈을 받고, 그 돈을 대출해 주면서 마진을 챙긴다. 이 마진을 '예대마진'이라 부르는데, 2018년 한국 은행들은 이 예대마진에서 폭리를 취했다. 그들은 미국 및 한국 금리 인상 기조 때문이라고 둘러대며, 그 정책금리 인상 폭을 훨씬 넘어서는 마진을 붙였다. 놀랍게도 이 예대마진 이익이 가장 높은 곳이 정부가 대주주로 있는 IBK기업은행이었다. 이런 상황에 민간자본이 대주주인 상업은행이 예대마진을 많이 챙긴다고 비난할 수 있겠는가? 정부가 대주주이고 중소기업 지원을 목적으로 설립한 'IBK기업은행의'의 예대마진이 가장 높은데 말이다.

국내은행이 예대마진 확대를 통해 손쉬운 '이자 장사'를 하고 있는 제도권화된 고리대금 겸업 은행인 셈이다. 국내 은행들의 평균 예대금리 차는 2015년과 2016년에는 1.97%였고, 2017년 2.03%로 2%대에 진입, 2018년에는 약 2.1%로 그 증가세를 계속 늘렸다. 어떻게 이런 구조가 가능했을까?

이러한 구조를 만든 주역은 IBK기업은행을 비롯한 한국 은행들이고 조연은 한국 정부이다. 은행은 갈수록 신용 대출에는 인색하며, 담보 대출 편향성은 더 높아졌다. 담보물은 99% 이상이 '부동산 담보 대출'이며, 담보물로 선정된 부동산의 평가 '기준'은 정부가 책정하는 '공시지가'이다. 공시지가는 정부가 매년 아주 적극적으로 올린다. 정부 입장에서는 재산세 등의 과표 기준액이 공시지가이다 보니, 세수 증대의 관점에서 공시지가 인상에 마치 민간자본이 하듯이 동참한다. 경우에 따라서는 공시지가를 200%나 인상하는 게 한국 정부이다. 세계 어떠한 나라에서도 비슷한 수준의 유례를 찾아볼 수 없다. 세계 역사 책에 에피소드로 기록할 만한 일이 한국에서 벌어진 것이다.

부동산 가격이 오르니 땅을 보유한 사람은 은행에서 예대마진 폭리를 취해도 그런대로 넘어간다. 그런데 부동산 가격이 내리기 시작하면 어떠한 일들이 벌어질까? 처음 몇 년간은 그동안 오른 게 있으니 조금 내려갈 수도 있는 것이라고 생각하며, 부동산 보유자들은 참고 인내하려고 할 것이다. 하지만 하락세가 몇 년이 지나도록 멈추지 않는다면, 5년 이상 지속되면 어떻게 될까?

부채 축소 정책에 따른 역풍, 은행과 정부 간의 협조하에 전체 담보 자산의 평가액 상향의 반작용이 특히 2026년과 2032년 사이에 확대된 금융 변동성과 맞물려, 한국에서 제2의 금융 위기가 발생할 위험이 있다고 판단된다. 금융 위기를 2026~2032년 사이로 설정한 가장 큰 이유는 글로벌 금융시장이 시기적으로 불안정한 요인들의 연쇄적 부상이 예상되고, 이 시기에 안보 리스크가 불안정해지면서 재원에 담보가 생길 것이며, 그로 인해 2026년부터 안보 관련 국가 예산의 수요가 늘어나 2026년 이후 재정 긴축이 어려울 수 있다. 그러다 보니 국가가 개인 및 민간경제에 대한 디레버리징에 정책 관여를 할 수 있는 실기失期 위험에 노출되게 된다.

국민연금 적립금 장기 추계

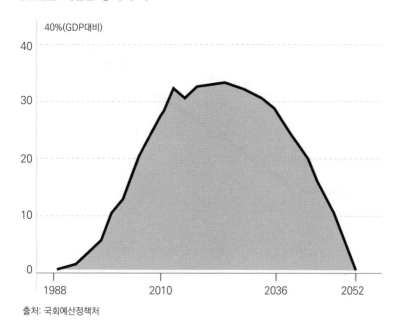

출처: 국회예산정책처

또한 퇴직 이후 현금 흐름을 직접 좌우할 국민연금 장기 추계의 하향 반전이 이 시기에 있을 것이라고 예상된다. 경우에 따라서는 국민연금의 기금 운용 수익률이 이 시기에 급락할 가능성이 잠복하고 있어 고갈 시기가 당초 예상보다 많이 앞당겨질 심리적 압박이 국가 전체에 있을 수 있겠다.

여성 1명이 평생 동안 낳을 것으로 예상되는 평균 출생아 수를 의미하는 합계 출산율이 2017년 1.05명에서 2018년 0.98명을 기록했는데,

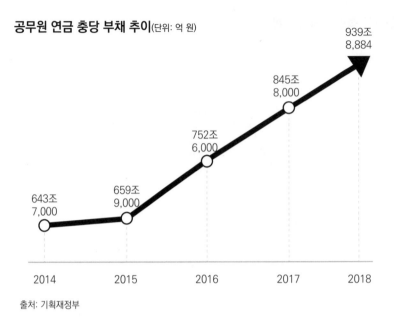

공무원 연금 충당 부채 추이(단위: 억 원)

- 2014: 643조 7,000
- 2015: 659조 9,000
- 2016: 752조 6,000
- 2017: 845조 8,000
- 2018: 939조 8,884

출처: 기획재정부

소수점대의 낮은 출산율이 10년 이상 이어질 경우 금융 위기 시기와 겹쳐 다양한 세원 창출의 저하 요인이 될 수 있다. 국가가 공무원에게 지급해야 할 연금 충당 부채가 2018년 940조 원가량이고, 이는 국가 전체의 부채 비중에서 60%를 상회한다. 연간 증가액이 94조 원을 기록했던 점을 감안하면, 2030년 이전 연금 충당 부채는 2,000조 원가량으로 추산된다. 연금기금 운영 손실 등으로 적자 폭이 넓어질 경우 저 출산율 기조에서는 연금 충당 부채 2,000조 원에 달하는 시기가 2030년보다 앞당겨질 수 있다.

이러한 위험 가능성을 낮추기 위해서, 다음과 같은 작업들을 사전에

준비할 필요가 있다. 출산율 독려 등은 어디까지나 교과서적 논리에 불과하며, 작은 정부 지향과 더불어 현실성 있는 예방책으로 접근을 해야 한다.

첫째, 최소한 정부가 대주주인 은행들이 예대마진 폭리를 취하는 선도자가 되어서는 안 된다.

정부가 상황 인식만 올바르게 한다면, 이는 얼마든지 해결 가능하다. 지금처럼 IBK기업은행이 예대마진 확대 1위라면, 은행장을 바꾸면 된다. 사후관리도 마찬가지 방법으로 하면 된다. 이 문제가 해결되지 않는 가장 큰 원인은 정책 당국 최상위층에 있는 이들이 이런 문제에 대해 인식조차 하지 못하고 있다는 점이다. 2019년 중에 '재원이 바닥난 제로페이'에 대해 정책 당국이 여러 은행들에게 기부금 처리를 약속하며 추가 지원을 요청했을 때 IBK기업은행은 가장 먼저 지원을 했다. 이런 상황이니 정책 당국이 한국 경제 상황에 대한 판단을 못 세우게 된다.

둘째, 공시지가 인상은 장기적인 정책 접근 관점에서 신중하게 실행해야 된다.

공시지가를 올릴 때는 10% 이상도 잘 올리고, 실제 급매물이 그 이하로 거래되는데도 공시지가 인하에는 그토록 인색하며, 아주 가끔 인하를 할 때는 겨우 1% 정도이다. 그나마도 20년에 한 번 인하를 할까 말까 하다. 디레버리징 정책을 주장하는 정부 기관과 공시지가를 올리는 정책 기관이 따로 놀고 있다. 그 두 주체가 서로 부서 협의나 교류도 없고, 언론사 기자실만 번질나게 들락날락거린다. 이 분야에서 종합적인 정책 조정 기능이 전무한 수준이다.

20년 이상 한국 은행들(보험 등 다른 금융기관 포함)과 한국 정부의 행태를 관찰한 결과, 앞으로 이들로 인하여 발생할 수 있는 잠재 위기 가능성에 정부 스스로 예방하고 대처할 능력이 사실상 없다고 보인다. 그러므로 우리는 각자 스스로 미래에 있을 위험을 대비할 것을 제안드린다. 한국의 금융 위기는 2026년에서 2032년 사이에 발생할 가능성이 상대적으로 높고, 그 일차적인 원인은 은행의 고객인 기업과 개인은 고생하는데, 중개상인 은행들이 쉼 없이 폭리를 추구하고, 이러한 악습적인 패턴을 지속하는 관습 때문에 디레버리징의 반대 메커니즘에 대한 사회적 준비가 전혀 안되었다는 점에서 찾아야 할 것이다.

한국에 머지않아 다가올 경제 위기를 이겨내기 위해서는 악습적 관행을 깨는 극단의 조치를 취해야 한다고 본다.

시범케이스의 덫에 걸리면

　미국과 중국 사이에 끼인 한국은 특히 2026년과 2032년 사이에 노련한 외교정책이 절실하게 필요하며, 특히 '시범케이스'에 걸리지 않도록 각별한 주의가 요구된다. 어떤 동네에 두 패거리가 있다고 가정하자. 영화 〈친구〉의 유오성과 장동건처럼 피할 수 없는 대결이 눈앞에 다가 왔다. 장동건이 유오성에게 하는 대사 중에 '니가 가라 하와이'라는 유명한 대사가 있다. 누군가는 하와이로 가야 되는데, 둘 다 안 간다. 그럴 경우 영화 〈친구〉에서처럼 군사이든, 무역이든, 금융이든 전면전으로 치닫게 된다. 그런데 둘 다 힘이 어마어마하기 때문에, 승자도 그 과정에서 치명타를 입을 수 있다.

　이럴 경우 두 패거리에게는 어떤 또 다른 선택이 있을 수 있는가? 만

만한 다른 상대들 중에 '시범케이스'로 한 사람을 지목하여 박살낼 수 있겠다. 이 경우 강자는 만만한 상대를 큰 피해를 입지 않고 제압할 수 있기 때문에 다른 강자에게 강력한 메시지를 전달할 수 있다. '봤지, 다음에는 네 차례이다'라는 메시지를 다른 경쟁 강자에게 줄 수 있다는 말이다. 그러면 재수 없게 '시범케이스'로 걸릴 가능성이 높은 건 누구인가? 과거에 내가 준 떡고물을 잘 받아먹었는데, 최근 들어 간혹 딴소리를 섞어 말하고, 다른 강자에게 아부하는 모습이 자주 포착되는 상대가 후보 우선순위에 꼽힐 수 있다. 이 대목에서 우리는 일본을 유심히 보아야 한다. 일본도 '중국의 경제력이 십수 년 안으로 미국을 앞지를 것'이라는 사실을 누구보다 잘 안다. 그런데 그 시점까지의 시간적 여유가 있는 만큼, 현재 미국과의 협력은 매우 긴밀하다.

아마도 일본의 싱크탱크think tank들은 미래 추세를 실시간으로 정확하게 읽고 업데이트하되 외교적인 측면에서 이를 표현하는 시점, 즉 물리학적 역치 시점threshold point을 경제적 측면에서의 미·중 역전 이후부터 군사적 측면에서의 미·중 동등 사이에서 찾을지도 모른다. 한국은 국제 정세를 읽는 데는 선구자적인 면모를 보여 왔고, 이를 표현하는 시기도 일본과 비교하면 상대적으로 빠르다. 사실 일본 경제도 수출의존도가 매우 높고, 과거 미국을 선제공격하였으나 반격을 당해 큰 대가를 치른 경험이 있는 국가이다.

국제 패권 경쟁은 한 마디로 두 기차가 각각 반대편에서 서로를 향해 전속력으로 출발해 충돌까지도 불사하며 달리고 있는 현장으로 비유할 수 있다. 이 싸움에서 누가 궁극적인 승자가 될 지는 중간 지점에서 두 기차가 부딪혀 봐야 안다. 서로가 그 과정에서 중상을 입지 않기 위해 기차 연료도 터보시스템으로 돌리고, 전면에 강판 두께도 계속 보강한다. 특히 이 충돌이 임박해오는 단계에서는 둘 중에 급브레이크를 당기는 측이 관성이 약해지며, 더 피해를 입는다는 사실을 잘 안다. 따라서 그 충돌 영역에 진입하는 순간부터는 '이성의 논리'보다 '감성의 논리'가 더 앞설 수 있다.

이때 다른 주체들은 쥐 죽은 듯이 엎드려 있는 게 상책이며, '시범케이스'가 될 경우 치명타를 입을 수 있다. 외교적 측면에서는 미래의 추세를 읽고 선방영하기 보다는, 아주 천천히 움직이자. 우리가 움직인다는 사실을 상대방이 눈치 채지 못할 정도로.

2032 시범 케이스 대상 특징

① 그동안 외교정책에서 시종일관 친미 또는 친중이 아니라 왔다 갔다 한 국가.

② 큰 문제가 발생했을 때 적극적으로 지원해줄 우호국이 없는 국가.

③ 모든 시나리오들에 대한 대비책(B플랜)이 없는 국가.

· 2032
· 한국 경제 시각 해석

나는 2020년을 한국 경제 시각 오후 3시로 설정하고 있다. 오후 3시는 점심식사 후 졸리는 현상도 줄어들고 퇴근까지 많이 남지 않은 시간이기에 성과도 없이 집에 돌아가지 않기 위해 사실상 '마지막으로 최선을 다해 일해야 하는 시기'이다. 즉, 다가올 격변기를 대비하고 준비하는 시기인 셈이다. 이 추정대로 라면, 한국의 경제 시각이 오후 4시를 가리키는 때는 언제로 예상할 수 있을까? 2026년과 2032년 사이에서 한국 경제시계가 오후 4시를 가리킬 가능성이 상대적으로 높아 보인다. 오후 4시의 가장 큰 특징은 '격변기' 성격이다. 표준국어대사전에서는 격변기를, '상황 따위가 갑자기 심하게 변하는 시기. 사회적 격변기나 혼란기에는 가치관의 혼란이 생기기도 한다'라고 설명한다. 이 오후 4시 격변기의 근본 원인은 다음 3가지를 꼽을 수 있다.

첫째, 글로벌 정치 측면이다.

중국 GDP가 이 시기에 미국 GDP를 앞지르며 경제적 측면에서는 중국이 세계 1위로 올라서지만, 군사적 측면에서는 미국이 여전히 세계 1위인 상태이다. 한 주체가 다른 주체 위에 확실히 서 있는 게 아니라, 한편으로는 미국이 우위이고 다른 한편으로는 중국이 우위이다. 그러다 보니 양자 간의 패권 다툼이 더욱 격렬해진다.

둘째, 한국의 디레버리징 장기 반작용 측면이다.

디레버리징 장기 반작용의 일차적 원인을 제공한 곳이 개인과 제조업 기업들이 아니라 은행들 및 정책당국이라는 점, 반작용을 축소하는 데 이들의 구조조정 및 역할 재정립을 필수적으로 거쳐야 한다는 점에서 상대적으로 권력이 작은 개인 및 제조업 기업들의 매우 힘든 싸움이 예상된다.

셋째, 글로벌 금융 권력 측면이다.

사실 21세기 초반 변동성이 잉태된 곳은 미국 금융시스템이다. 미국이 기축통화인 달러의 발권 기능이라는 권력을 가진 상태에서 자국 유수 금융기관이 파산 위험에 2007년 봉착하자, 리먼브러더스는 파산시켰으나 시티그룹은 세계 발권 기능을 최대한 활용하여 억지로 살려냈다. 그 과정에서 막대한 미국 달러가 세계로 흘러갔고, 그 후유증을 처리하는 데는 많은 시간과 인내가 필요하다.

특히 세 번째 요인과 관련해서는 과거 학습 효과가 재현되지 않을 가능성이 높다. 즉, 미국은 금융 위기가 다시 나타날 경우 또 다시 미국 중앙은행을 통해 유동성을 재차 확대하여 해결하려고 하겠지만 그러한 과거의 해결방식이 다음에는 불가능하거나 그 효과가 매우 제한적일 것으로 예상된다. 왜냐하면 이 시기에는 미국의 세계 패권이 적어도 경제적 측면에서는 뚜렷한 우위가 보이지 않아, 미국 금융 유동성 재공급에 필수적인 미국 국채 판매의 인기도가 과거와 달리 낮아질 것이라고 여겨지기 때문이다. 국제 자금 흐름이 과거의 전철을 밟지 않을 가능성이 높다.

최근 유럽을 중심으로 반 유대 정서가 심화된 원인들을 추정하면, 그 중의 하나는 미국 금융자본의 헤게모니를 잡고 있는 유대 기득권이 자국의 금융 위기를 해결하는 과정에서 달러화의 국제 발권 기능을 남발하여 결과적으로 글로벌 자산 인플레이션 초래와 그에 따른 생활고 증가를 불러온 것에 있다. 이러한 사례가 있는 만큼 향후 2026년과 2032년 사이에 미국이 자국 금융 위기를 극복하는 방법으로 다시 달러화 공급 남발을 할 경우, 여러 나라들의 상당한 반발이 예상된다.

격변기를 정의하는 표현 중 '사회적 격변기나 혼란기에는 가치관의 혼란이 생기기도 한다'는 부분에 주목할 필요 있다. 격변기란 단어가 내포하고 있는 뜻처럼 이 시기에는 여러 측면에서 가치관의 혼란이 예상된다. 세계 최고의 패권국이 바뀔 수 있다는 조짐이 수면 위로 오른 시기이다. 기존의 패권국인 미국이 가만히 있지 않을 거라는 사실은 미중 무역전쟁을 생각해 봤을 때 명약관화하다. 그리고 이 사실을 새로이 세계 대권 주자로 떠오르는 중국 또한 누구보다 잘 알고 있기에, 내부적으로 여러 가지 시나리오를 준비할 것이다. 과거에 진리였던 것이 그때는 진리가 아닐 수 있다. 과거의 '非진리'가 그때는 진리가 될 수도 있다. 상황이 예상보다 복잡하게 전개되어 큰 혼란이 야기될 것이다.

그때는 한국의 경우 이 시기에 혼돈을 해결할 수 있는 방법이 포퓰리즘이 아니라는 것을 기억해야 한다. '대중'과 '엘리트'를 동등하게 놓고 사회 체제의 생존을 약속하는 포퓰리즘에 계속 매달리면 한국 경제는 침몰할 위험이 있다. 격변기에는 지금 멀쩡해 보이고 영원히 지속될 것 같은 국가나 공공기관, 기업의 미래도 장담하기 어려운 현실에 부닥칠 것이라고 예상되며, 개인이 아니라 '국가 전체 구성원들의 실존주의'가 유력한 해결법이라고 판단된다.

4장

경제 불황이
전쟁 가능성을
촉진시킨다

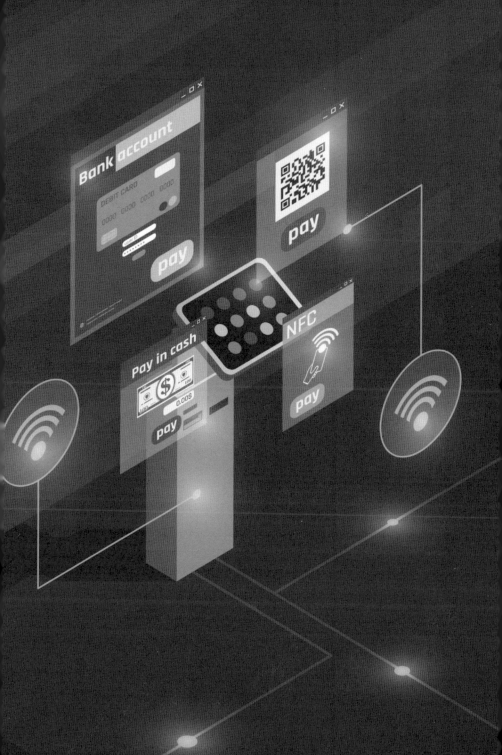

자본의 순환과
환승역

　인류 역사를 거시적으로 살펴보면 '전쟁의 역사'라고 할 수 있다. 역사를 지나간 사건의 나열 내지 정치적 분석에 집중할 경우, 역사 속의 전쟁사는 그저 역사 이야기일 뿐이다. 그런데 전쟁 직전이나 전쟁 이후 '자본의 순환'을 같이 엮어서 보면 그 실체가 보이기 시작한다.

　우리가 과거 신분주의 사회가 아니라 자본주의 사회에 살고 있다는 점에서, 19세기 이후 세계 금융 역사를 살펴보는 작업은 미래 예측에 있어서 실로 중요한 작업이다. 제1차 세계대전은 통상 1914년 7월 28일부터 1918년 11월 11일까지 이어진 연합국^{영국·프랑스·러시아 등}과 독일 · 오스트리아 동맹국의 전쟁을 말한다.

　1914년 7월 28일, 오스트리아가 세르비아에 전쟁을 선포하였고 동시에 캐나다와 스페인의 증권거래소가 폐장했다. 7월 29일에는 독일·이탈리아·벨기에·오스트리아·헝가리 증권거래소가 문을 닫았다. 그리고 7월 31일 미국 및 영국 증권거래소가 문을 닫았다. 미국 증권거래소가 문을 닫을 당시에는 유럽에서 벌어지는 전쟁 비용을 조달하기 위하여 당시 채무국이었던 미국에서 금을 가져갈 것이라는 우려로 자산^금 현금화에 따른 유동성의 경색이 예상되었다.

전쟁 개시로부터 4개월 반 만인 1914년 12월 12일 증권거래소의 재개장일까지만 해도 이러한 우려는 지속되었다. 그로 인해 재개장일 당일에는 30%가 넘는 폭락세를 보였지만 곧 문을 닫기 전보다 주가가 더 치고 올랐다. 이는 유럽이 전쟁 물자를 미국에서 구매함에 따라 미국 제조업 이익이 급증함과 동시에 물자 결제 대금이 미국에 유입되어 전쟁 전보다 유동성이 더 풍부해졌기 때문이었다. 따라서 제1차 세계대전이 종결될 조짐을 보이자, 평화가 오는데 주가는 급락하는 진풍경이 벌어졌다. 유럽이 더 이상 전쟁 물자를 미국에서 구매할 이유가 없어질 것이라고 전망되었기 때문이었다. 그런데 제1차 세계대전이 종결되자 전쟁 물자가 아니라 유럽 재건 물자에 대한 주문이 나타나면서 떨어졌던 주가가 다시 고점을 경신하였다. 하지만 지속성의 한계가 확인되며 주가가 급락한다.

흥미로운 점은 제1차 세계대전의 전운이 짙어지며 전쟁이 발발한

1914년에 미국에서는 연방준비제도$^{\text{Federal Reserve System}}$가 도입되었다는 점이다. 전쟁 발발 후 미국 증권거래소가 폐장된 기간인 1914년 11월에 연방준비제도가 전격 도입되었다. 미국 주식시장이 재개장을 앞두고 유동성 충격을 대비하는 차원에서, 재개장 한 달 전에 연방준비제도가 도입되었고, 연방준비제도는 1920년 6월까지 시중 유동성을 2배로 늘리는 통화 팽창 정책을 불도저처럼 밀어붙였다. 바로 이러한 힘이 재개장일 주가 폭락을 단시일 내에 회복시키는 원동력이 된 셈이다.

제1차 세계대전을 단순히 100년도 더 된 과거 이야기로 치부해서는 안 된다. 왜냐하면, 제1차 세계대전을 통해 생겨난 미국 연방준비제도가 오늘날 세계 금융 흐름을 좌우하는 세계 경제 대통령 역할을 하고 있기 때문이다. 즉, 1차 세계대전 발발 후의 자본 순환에 있어, 미국 연방준비제도가 예상치 못한 '환승역' 역할을 당시에 했었다는 것이다. 그리고 문제는 그 역할을 지금까지도 계속 이어 가고 있다는 점이다.

· 전쟁 원인은
· 경제 침체에 있다

제2차 세계대전은 통상 1939년 9월 1일부터 1945년 9월 2일로 설정된다. 1939년 9월 1일은 독일의 폴란드 침공 시작일이다. 직전의 스페인 내전 및 중일 전쟁 그리고 독일의 오스트리아 병합 등 굵직한 국제 사건들도 전쟁 시작을 알리는 징조였으나, 경제적인 측면에서 살펴보자.

제1차 세계대전이 종료되고 반등했던 미국의 주가는 세계대전 종료 1주년이 되던 때인 1919년 11월부터 하락세로 추세 반전하더니 1921년 8월에는 다우존스 지수가 무려 47% 대폭락했다. 그리고 10년 뒤인 1929년 9월부터 다시 주가의 폭락세가 재현되었는데, 이번에는 그 폭락세가 너무 가파르게 나타나며 불과 3개월 만에 다우존스 지수가 48% 대폭락했었다. 이후 낙폭의 절반 정도를 회복하는 반등세가 펼쳐

졌지만, 1930년 잔인한 4월부터 나타나기 시작한 폭락은 무려 27개월 간 진행되어, 고점 대비 86%라는 재앙 수준의 폭락이 세 번째로 재현 되었다. 이 당시는 유럽의 은행 위기로 일컬어진다. 미국도 신탁회사의 쇠락과 은행산업의 1차 및 2차 위기가 이 기간 동안 진행되었다.

1차 세계대전을 통해 세계 경기의 상호관련성 고리가 높아진 상황에 서, 이러한 자본시장의 폭락은 불가피하게 세계 수준의 공통된 경기 침 체가 도래함을 예고하는 선행지표 역할을 한 것이다. 미국이 27개월에 걸쳐 1932년 7월까지 다우존스 지수가 86% 대폭락하자, 그 여파가 바 로 독일에 전해져 정치적으로 결국 독일 중산층이 나치당 지지로 반전 되며 1933년 1월 히틀러가 총리에 취임했다.

독일이 오스트리아를 합병하는 데 성공한 시기는 1938년 3월이었 으나 합병 시도를 처음 추진한 해는 바로 1934년이었다는 점을 주목할 필요가 있다. 이탈리아 무솔리니의 에티오피아 침공도 1935년부터 시 작되었고 스페인 내전의 시작은 1936년이었다. 아시아로 눈을 돌려 보 면 중일전쟁이 1937년에 발발했다.

이러한 일련의 군사적 사태들 이전에 이미 선제적으로 미국 주식시 장에서 3번의 주가 폭락이 진행되었다는 점을 일차적으로 주목할 필요 가 있고, 제2차 세계대전 발발뿐만 아니라 제2차 세계대전을 잉태한 일 련의 사태들이 바로 미국의 86% 주가 대폭락 이후에 도미노처럼 연쇄적으로 일어난 점을 주시해야 한다. 이처럼 제2차 세계대전의 원인은 글로벌 측면에서의 경기 침체가 근본 원인이었기 때문이다. 경기 침체가 장기화될수록 그리고 경기 침체가 국제적인 공통분모가 될수록 전쟁은 발생한다.

경제의 장기 침체 국면에서는 새로운 부가가치를 창출하기가 전반적인 수요 부진으로 인해 어느 때보다 어려워지며, 경제 참가자들은 남의 것을 빼앗는 제로섬게임Zero Sum Game에 참가할 가능성이 높아진다. 그 게임 주체가 국가가 되면 '식민지 쟁탈전'이라는 형태로 나타나는데, 이는 더 크게 보면 과도기의 생존전략일 뿐이다. 궁극적으로는 강자들이 약자의 것을 빼앗는 식민지 쟁탈도 그 한계를 드러내게 되고, 결국 강자들 간의 싸움이 일어나게 된다. 우리는 그것을 '전쟁'이라고 부른다. 과거에 전쟁의 발발과 주가의 상승이 동반되었던 점은 전쟁 중에 군수물자에 대한 생산자원 증가를 선반영한 측면도 있지만, 궁극적으로는 전쟁 후의 '새로운 신질서 재편'에 대한 기대가 반영되었다는 게 더 근본적인 측면이라고 생각한다.

국제 역학 관계의 딜레마

국제 역학 관계를 살펴보기 위해서는 강자들 간의 싸움을 이해해야 되는데, 이를 위한 좋은 도구가 하나 있다. 바로 딜레마 게임이다. 우리가 영화나 게임에서 흔히 접하는 세상과 달리, 강자들은 의외로 강자끼리의 싸움판에서 매우 신중하다. 그렇기 때문에 '약자'가 아니라 '강자'가 된 것이다. 강자가 실제로 싸움판에 들어오게 된다면, 그것은 싸움을 함으로써 얻게 되는 실익이 더 크다고 계산했기 때문이다. 이쯤 해서 죄수의 딜레마가 무엇인지 알아보자.

공범 관계인 두 사람이 감옥에 갇혔고 재판 또는 심문을 앞두고 있다.

	공범 A 혐의 전면 부인	공범 A 전체 사실 고백
공범 B 혐의 전면 부인	① A와 B, 각각 6개월 징역	② A 10년 징역, B 가석방
공범 B 전체 사실 고백	③ A 가석방, B 10년 징역	④ A와 B, 각각 5년 징역

검사는 두 사람에 대한 물증이 없는 상태이다. 즉, 심증만 있다. 둘 다 혐의를 전면 부인할 경우, 물증이 없고 심증에만 의존하여 재판 진행되므로, 6개월 징역이 예상된다.

둘 중에 한 사람이 사실을 고백하고 다른 한 사람이 혐의를 부인할 경우, 사실을 고백한 사람은 검사에게 물증을 제공한 대가로 가석방하고, 고백하지 않은 사람은 징역 10년이 예상된다. 둘 다 사실을 고백할 경우, 검사 입장에서는 물증이 크로스 체크되어 물증이 2개나 확보되는 만큼, 가석방하기도 어렵고 징역 6개월도 어렵기 때문에 모두에게 징역 5년이 예상된다.

위와 같은 가정에서, 공범 두 사람의 가장 효율적인 선택은 ①이지만 두 사람이 얽혀 있는 게임 특성을 가지고 있어, 결국은 ④로 결론이 나올 가능성이 높다는 게 죄수의 딜레마 이론이다. 이 딜레마는 2032년 국제 군사적 역학 관계 분석 시에도 유사한 형태로 나타날 가능성이 매우 높다고 판단된다.

특히 동북아시아에 있어서는 더욱 그러하다. 동북아시아는 당사자뿐만 아니라 이해 관계자 또는 대리인이 복잡하게 위 매트릭스 A와 B로 번갈아 나타나며 분석 가능하다. 적어도 6개 그룹에서 두 가지 조합을 뽑을 수 있어, 총 경우의 수가 '6Combination2'로, 수학적으로는 다음과 같이 계산되며 총 경우의 수는 15개이다.

$$C_2 = \frac{6!}{2!(6-2)!} \qquad {}_6C_2 = 15$$

즉, 동북아시아 군사적 역학 관계 분석에 위와 같은 죄수의 딜레마 표가 15개 각각 그려진다는 말이다.

동북아시아 주요 이해관계자 딜레마 고려 상황 15개

	한국	중국	미국	일본	북한	러시아 외
한국		①	②	③	④	⑤
중국	①		⑥	⑦	⑩	⑫
미국	②	⑥		⑧	⑨	⑬
일본	③	⑦	⑧		⑪	⑭
북한	④	⑩	⑨	⑪		⑮
러시아 외	⑤	⑫	⑬	⑭	⑮	

2명이 1차 주자가 되는 양자 대면실이 있고, 그 방에 한국이 입장한 상태라면, 상대방으로 중국·미국·일본·북한·러시아 외 등의 딜레마 게임을 가정할 수 있으며, 동북아시아 주요 이해관계자 딜레마 고려 상황이 15개까지 확장된다.

'미국 對 중국'의 2030년 예상되는 딜레마

	미국의 '중국 추월 관망'	미국의 '중국 추월 전면 견제'
중국의 '미국 추월 설득'	① 중국은 순조롭게 세계 최강국 부상	② 중국이 미국의 선제 기습을 예상 못하여, 중국은 중상/미국은 경제력이 예전같이 않아 중상
중국의 '미국 태클 전면 압박'	③ 미국이 중국의 선제 압박을 예상 못하여, 미국은 중상/중국은 군사력측면에서는 미국을 앞지른 상황이 아니라 중상	④ 둘 다 예상하며 충돌하게 됨에 따라, 둘 다 중경상

이를 다 예시하면 이야기가 방대해지므로, ②에 해당하는 '미국 對 중국 딜레마'를 사례로 살펴보자.

⑦에 해당하는 '중국 對 일본 딜레마'도 2030년경에 매우 복잡하게 꼬일 수 있다.

'중국 對 일본'의 2030년 예상되는 딜레마

	일본의 '군사적 중립 입장 천명'	일본의 '중국 추월 전면 견제 및 미국과의 군사동맹 지속'
중국의 '일본 군사적 중립 요구'	① 중국은 순조롭게 세계 최강국 부상되나, 일본은 미국으로부터 압박	② 중국이 일본을 경제적 추월에 이어 군사적 추월이 확고한 상황이라, 일본은 일본에 대해 최소한 매우 강한 무역보복을 당할 수 있음 / 중국은 군사적 측면에서는 미국 대비 우위를 확보하지 못한 상태라서 기습 공격을 받을 가능성 상대적으로 높아짐
중국의 '일본 태클 전면 압박'	③ 일본이 기존의 미일 군사적 혈맹 관계에서 중립으로 물러날 경우, 일본은 미국으로부터 예상치 못한 매우 강한 압박 받을 수 있고, 중국도 군사적으로는 우위를 확보하지 못한 상태라서 미국의 기습 공격 가능성 상대적으로 높아짐	④ 중국은 일본에 대해 강한 무역보복 전략을 구사할 수 있어, 일본은 경제적으로 큰 타격을 입을 수 있고, 중국은 군사적 측면에서도 미국의 우위에 서기 위해 군사비 확장에 자원을 할당하며 경제적으로 타격을 입을 가능성이 높아짐

이러한 15개 매트릭스를 각 관계의 중요도를 감안하여 가산점을 부여해서 종합적으로 고려하여 결론을 이야기하면, 다음과 같다. 죄수의 딜레마 이론에 근거하여, 2032년 동북아시아 군사 역학 관계를 분석하면, 6개 당사자 및 이해 그룹이 혼자만 생각하는 최적답보다 현실에서 제시하는 답은 약 3배 정도의 위험 증가 또는 비용 증가로 나타날 가능성이 대단히 높다고 판단된다.(군사전문가 입장에서 2032년에 15개 경우의 수를 보든, 경제

전문가 입장에서 보든, 결과적 수치는 달라져도, 현실의 답은 큰 흐름은 동일할 것으로 예상된다. 즉, 정치가 입장에서는 결과 수치가 2배로 나올 가능성이 높고, 군사전문가 입장에서는 3배, 그리고 글로벌 경제 요인과 연계한 분석에서는 4배에 근접한 수치가 나올 가능성이 있다.)

특히, 글로벌 경제 사이클의 동조화 경향이 2000년대 들어 더욱 높아지고 있는 배경도 또 다른 요인으로 영향을 줄 가능성 높아 보인다. 기회는 단 한 번뿐일 수 있다. 그럴 경우 선제공격을 하는 주체가 절대적으로 유리하다. 기회는 단 한 번뿐일 수 있고, 공격을 받는 입장이 되면 상대적으로 게임이 불리해지기 때문이다.

배틀 직후의
수혜자는 누가 될 것인가

영어로 전쟁을 표현하는 단어는 2개가 있다. 하나는 워^{war}이고, 다른 하나는 배틀^{battle}이다. 한국어로는 둘 다 공통적으로 '싸움'을 의미하나, 전자는 규모가 크고 장기적인 싸움을 의미하며 베트남전쟁$^{The\ Vietnam}$ ^{War}이 있다. 후자는 특정 지역이나 특정 장소에서 벌어지는 싸움을 의미하며 워털루전투$^{The\ Battle\ of\ Waterloo}$가 있다.

군사기술의 발달로 인해 현대전은 기간 면에서는 과거보다 짧아질 가능성이 높으나, 여기서는 과거 사례와 비교한다는 측면에서 두 단어의 구분 없이 비교해보자. 일본이 1945년 9월 2일 항복문서에 서명함으로써, 2차 세계대전은 종결된다. 이때 미국의 애널리스트들은 전쟁 직후의 주가 흐름을 가지고 낙관론과 비관론 전망으로 나뉘어졌다. 낙관론은 '일상적인 수요의 정상화' 관점에서 보았고, 비관론은 '1차 세계 대전 직후의 주가 흐름'에 대한 학습이론 관점에서 보았다. 이러한 비관론은 과거 남북전쟁 종결 이후 주가 흐름에 대한 체험도 깔려 있었다.

실제 주가 흐름은 2차 세계 대전 종결 직후 1년간은 상승장이었다. 그런데 정확하게 말하면 11개월간의 상승 뒤에 불과 20일 만에 주가가 17% 하락했고 이후 답답한 횡보 침체는 3년간 더 지속되었다. 그 후 한국 전쟁이 발발한 1950년에야 상승장으로 국면이 전환되었다.

미국 주식시장 흐름(1935년~1950년, 미국 다우존스 공업지수)

출처: New York Stock Exchange

독일 주식시장 흐름(1930년~1950년, 독일 CDAX 주가지수)

출처: Frankfurt Stock Exchange

미국이 제2차 세계대전 당시 일본으로부터 태평양 진주만 기습공격을 받았을 때, 미국 다우공업지수는 1937년 경제 대침체기의 저가를 하회하는 주가 흐름을 보였었다. 그런데 이후 미국의 제2차 세계대전 참전선언과 미드웨이 해전에서의 일본 항공모함 격퇴 이후부터 적어도 전쟁 종전 선언 이후 1년까지는 주가 상승 흐름을 이어갔다.

독일은 1929년 검은 목요일로 시작된 경제 대공황 이후 주가 급락·기업 도산·실직자 수 6백만 명 돌파와 맞물리며 주식시장도 큰 타격을 입었고, 1930년 초 경제 대공황을 배경으로 한 주식시장 폐쇄 시기와 정권 교체가 우연의 일치라고 보기에는 너무 잘 맞물려 가는 모습이었다. 다시 주식시장이 개장한 뒤에 10여 년 만에 독일 CDAX 주가지수는 무려 300% 가까이 폭등하였다. 전쟁이란 배경이 있었기 때문이다. 이렇게 2차 세계대전을 전후로 한 금융시장의 역사적 흐름은 다음과 같은 교훈을 우리에게 준다.

첫째, 2차 세계대전의 근본적인 원인은 군사적 충돌보다는 글로벌 경제의 동시 침체에서 찾을 수 있다. 기본적으로 사람들이 먹고사는 데 어려움이 없다면, 어떻게든 전쟁을 피하려고 한다. 그런데 먹고사는 문제가 경제적인 측면에서 도저히 해결되지 않을 경우에는 상황이 급변할 수 있다는 인식이 절실해진다.

둘째, 글로벌 경제 침체가 일상적인 등락보다 하회할 경우, 이를 경제적으로 해결할 능력이 제한된 국가들은 군사적 팽창주의를 통해 경기 침체를 탈출하려는 시도가 생길 수 있다. 바로 앞에서 살펴본 바와 같이 독일은 1929년부터 1932년 초까지 경제적으로는 전혀 침체를 탈출할 방법이 없었다는 점을 확인할 수 있고, 전쟁을 통해 극적으로 경제를 회복했음을 알 수 있다.

셋째, 글로벌 경기 침체가 선행하고 주가지수도 선행하는 경향이 있고 군사적 팽창주의는 후행하는 경향이 있으며, 이 후행 단계에서는

'죄수의 딜레마' 게임 이론 관점에서 시나리오가 진행될 가능성이 높아질 수 있다. 동북아시아에서만 적어도 총15개에 달하는 '죄수의 딜레마' 표를 2030년 전후에는 세밀하게 따져야 보다 정확히 판단할 수 있는데, '미국 대 중국' 딜레마는 몇백 년에 한번 나타날까 말까 하는 중요한 시점이 이 시기에 겹쳐 있다. 그리고 많은 분석가들이 간과하는 관계가 '중국 대 일본'의 딜레마 상황인데, 간접적으로 미국과 연관되어 있어 상황이 복잡해진다.

넷째, 전쟁이 종결된 후에 호시기보다 안 좋은 시기가 시간의 흐름상 더 펼쳐질 가능성이 있고, 이러한 장기 침체도 결과적으로는 글로벌 측면에서는 국지전 성격의 군사 충돌을 통하여 다시 해결하는 경향도 있었다. 2차 세계대전 종전 1년 이후부터 주식시장은 답답한 횡보 침체를 3년간 보였고, 한국 전쟁이 발발해서야 미국 주식시장이 상승장으로 국면이 전환했었던 사례를 잊지 말아야겠다.

'배틀 캘큐레이터battle calculator'라는 계산기가 있다고 가정하자. 근현대사에 있어 과거 발생한 전쟁의 상당 원인이 경제적 측면이 강했고, 특히 글로벌 경기 침체가 심할 때 그 발생 가능성이 배가되었다는 점을 살펴보았다. 그렇다면 2032년 전에 글로벌 경기 침체가 심하게 발생할 경우, 평소보다 배틀 발생 가능성이 두 배 높아지겠다. 거기에다가 이 시기에 중국이 미국을 앞지르고 경제적 측면에서 세계 1위로 부상하는 반면, 군사적으로는 미국의 우위가 유지될 것이라고 전망되기 때문에 미·중의 긴장 요인이 배가되며 배틀 발생 가능성이 추가로 높아진다. 결과적으로, 여러 가지 상황을 검토했을 때 2032년 배틀 가능성은 3배 가까이 증가할 것이라고 예상된다.

20세기에 발생했던 세계대전의 가장 큰 수혜자는 미국이었다. 그렇다면 21세기 발생할 전쟁의 가장 큰 수혜자는 누가 될까?

바로 B플랜을 준비하는 나라이다. A플랜은 일상적인 차원이라면, B플랜은 비非 일상적인 차원에 대한 대책이다. 게임은 이미 시작되었고, 그 시작을 알리는 전조는 벌써 몇 차례 있었다. 한국 미디어에 제대로 보도되지 않았을 뿐이다. 전쟁 발생의 위험을 인식하고 그 대책을 마련한다면 한국이 전쟁의 수혜자가 될 수도 있을 것이다.

5장

두 번의 위험과
두 번의 기회

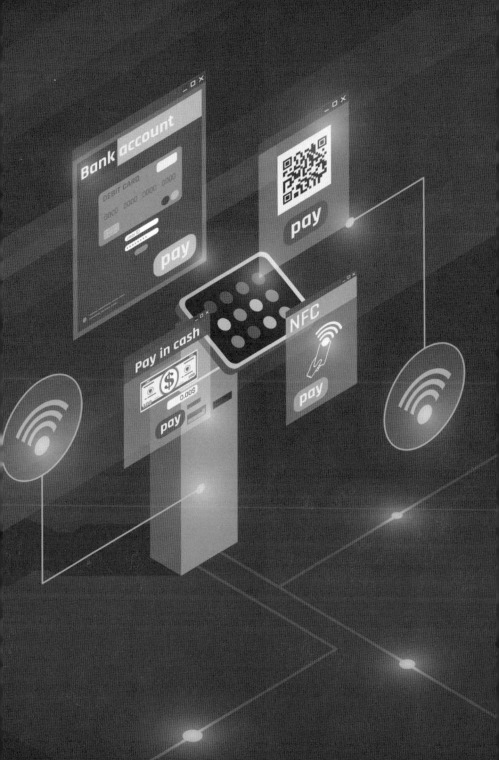

한국의 경제적 위기, 그 첫 번째 : A & C 라인

우리가 살다 보면 한 번 선배이면 영원히 선배이고 싶은 정서가 생긴다. 직장 입사 동기들 간에도 누구는 진급하고 누구는 빠져 있으면, 누락자는 마음이 착잡해진다. 더군다나 입사 후배가 자신의 상사가 되면, 상당수는 심각한 스트레스를 받는다. 이러한 구도는 국가 간에도 나타날 수 있다. 일본은 2차 세계대전 이후 한국전쟁 및 미소 냉전 구도에서 미국과의 긴밀한 우호 속에 경제적으로도 다시 도약의 발판을 아시아 국가 중에서 가장 먼저 마련하였다. 하지만 일본은 2010년 국내총생산에서 중국에게 추월당한다. 중국은 2010년 연간 GDP 5조 8,790억 달러를 기록해 일본의 GDP 5조 4,740억 달러를 4,000억 달러 이상 앞질렀다.

2014년에는 주식시장 시가총액에서도 중국이 일본을 넘어섰다. 군사적으로는 단순히 병력 수 등의 수치 비교만으로는 평가하기 힘들지만, 군사전문지 IHS 제인스디펜스위클리^{JDW}의 의견을 빌리면, 중국의 해군 군사력이 2015년부터 일본을 능가한 것으로 평가되고 있다. 입사 후배인 중국이 입사 선배인 일본을 경제력 · 시가총액 · 해군 군사력 등에서 앞서기 시작한 것이다. 이렇게 되자 일본은 심리적으로 중국을 선배로 대접하기보다는 미국과의 밀착도를 더 높이는 양상을 보이고 있다. 여기서 2020년대 후반에 한국에 현실화될 위험 요소가 잉태된다.

사실 합리성을 추구한다면, 일본은 중국이 일본을 앞서고 있다는 사실을 인정하고 중국과의 협력 강화를 하는 것이 교과서적인 방향이다. 그러나 과거 청일전쟁 등의 갈등 이후 정서상으로 양자 간의 신뢰 회복 검증 기간이 특별히 없었다. 더불어 대한민국과 북한으로 분단된 한반도 상황에 대한 변수에 가중치를 더 부여하는 듯한 일본식 평가 계산 움직임도 보여진다. '조선'이 한국과 북한으로 나누어지며 별개의 대응 주체라는 관점에서 바라보았던 일본은 최근 들어 완전히 별개라는 기존 전략의 수정 필요성이 나타나는 듯하다. 일본식 평가 계산 구도를 추정해서 도식화해보면, 다음이 일례일 수 있다.

21세기판 애치슨 라인	A & C 라인	21세기판 차이나 라인
미국+일본	한국	중국+북한(+화교가 상권을 장악한 동아시아들)

6·25 전쟁 발발 5개월 전에 발표한 애치슨 라인 선언Acheson line declaration이 있었다. 전쟁이 끝나고 미국의 국무장관들은 계속 바뀌며 60여 년 이상 시간이 흘러갔지만, 동북아시아에 대한 미국 라인은 사실상 공식적 입장이 선언의 형식으로는 부재하다. 일본은 그동안 한국을 애치슨 라인 연장선상에 있는 국가로 접근하였지만 2019년부터 그 관성에서 벗어나, 사실상 다른 성격으로 분류하고 있다고 판단된다.

일본 입장에서는 동남아시아 패권도 중요하지만 동남아시아의 정권을 잡은 정치권에 대한 국제적 대응만으로는 일본의 패권을 보장하지 않는다고 파악한 것으로 보인다. 즉, 한국을 제외한 동아시아 모든 국가에서 중국의 화교가 자리를 잡아 상권을 장악한 상태로 사실상 해당국에 대한 정치적인 영향력을 발휘하는 상황이다. 하지 무하마드 수하르토Haji Mohammad Soeharto 대통령의 집권 당시 인도네시아가 자국의 화교 압박 정책을 실시하다가 급속한 물가 상승과 경제 불안으로 화교에 대한 정치적 압박을 일찌감치 포기한 사례가 이를 말해준다.

동남아시아 화교 1세대들은 상당수 중국 본토의 공산화에 대한 두려

움으로 이민생활을 시작했었다. 이제는 화교 2세대들에게 배턴이 이어졌고, 현 동남아시아의 화교들은 중국 본토에 대해 매우 경제적 관점에서 접근하고 있다. 화교들의 동남아시아 상권 장악력은 날로 높아져 가고 있는 상황이며, 인도네시아 제2 도시인 수라바야에 위치한 백화점에 들어갔을 때 '여기가 인도네시아가 아니라 중국이 아닌가'라는 착각마저 들 정도였다.

결국 소위 'A & C 라인'으로 분류할 수 있는 인근 국가는 사실상 한국이 유일하다. 이런 구조는 적지 않은 현안에 대해 비합리성을 추구하게 될 위험이 있다. 한국 입장에서 구조적이고 근본적인 진단에 따른 대응이 중요하며, 감정적으로 섣불리 대응할 경우는 국가안보 측면에서 2020년대 후반에 큰 위기가 초래할 수밖에 없는 구도인 셈이다.

한국의 경제적 위기, 그 두 번째 : 비율 접근 부재

우리는 비율 접근을 하면 쉽게 정답이 나오는 많은 문제들을, 단순 숫자 접근을 하기 때문에 틀리게 되는 경우가 많다. 예를 들면, '한 달에 생활비로 돈을 얼마 써야 할까?'라는 질문이 있다고 가정하자. 200만 원이라든가 하는 구체적인 수치가 결코 정답이 될 수 없는데, 상당수가 이런 숫자 접근에서 벗어나지 못한다. 이 질문의 정답은 '월수입의 70%나 적어도 100% 미만의 비율로 생활비로 꾸준히 써야 한다'라고 할 수 있다. 만약 월수입의 150%를 생활비로 사용하게 되면 짧은 기간은 버틸 수 있겠지만 장기적으로 이어질 경우 파산할 위험이 급격하게 높아진다. 이는 개인뿐만 아니라 조직 차원에서도 마찬가지이다.

'최저임금은 얼마가 적당한가?'라는 질문이 있다고 하자. 정답은 시간당 얼마이다가 아니다. 정답은 '용역 시장에서 수요와 공급이 만나는 균형 가격을 선정하고, 그 수치의 85% 수준이 최저임금이다'라고 해야 할 것이다. 이 과정을 무시하고 용역시장에서 수요와 공급이 만나는 시장 균형 가격 이상의 임금을 최저임금으로 강제할 경우, 시장 경제가 무너진다. 국가 차원에서도 똑같다. 국가 공공기관의 자산이 GDP 등 합리적인 민간 경제 규모의 일정 비율 이상일 경우 국가적인 자원 할당 실패의 구도가 생길 수 있다고 보인다.

한국 국부의 자산형태별 자산액과 구성비 추이(단위: 조 원)

	1997년		2007년		2018년	
	금액	%	금액	%	금액	%
국가자산	3,123	100.0	6,543	100.0	15,511.7	100.0
법인	1,108	35.5	2,343	35.8	2,704.7	-
일반정부	561	18.0	1,228	18.8	4,080.9	26.3
개인	1,454	46.6	2,971	45.4	8,726.1	-
생산자산	430	29.6	749	25.2	1,892.9	-
비생산자산	939	64.6	2,078	70.0	4,892.3	-
내구재	85	5.8	143	4.8	-	-

출처: 통계청

주) 통계청과 한국은행은 국민대차대조표의 현실 반영도를 높인다는 명목으로 통계의 기준년 개편을 2010년과 2015년에 실시하여, 2010년 전후의 단순 비교 시에 오류가 발생할 수 있음.

예를 들면, 앞의 표처럼 벤치 마크할 적정 비율 기준의 가이드라인을 설정할 수 있다. 벤치 마크를 할 국가로는 자본주의 역사가 오래되어 시행착오를 통해 데이터가 많이 쌓인 영국 등의 몇 개국을 생각할 수 있다. 한국의 경우 이러한 비율 접근이 사회합의 과정에서 사실상 전혀 없다 보니, 한국의 공기업 순자산 규모가 영국보다 3배 더 많다. 민간 기업의 근로자 수 대비 국가 공무원 비율의 과거 추이를 밴드 범위(통계학적으로 표준 편차를 감안한 특정 비율 범위) 내로 설정할 경우, 적정 공무원 수의 산출이 자연스럽게 합리적으로 나오게 된다. 그런데 단순 숫자로만 접근하고 있으니, 결국 공공성의 효익을 상쇄하고 국가 경제 건전도와 공기업 자산 범위를 많이 넘게 되고 공무원 수도 필요 이상이 된다. 이러한 문제는 2020년대 한국의 경제 방어능력 확충을 위한 재정에 제한을 가져오고 두 번째 경제적 위기가 현실화될 가능성이 높아진다.

30대 그룹 총 근로자 수는 2012년, 123만 966명에서 2016년, 130만 3,557명으로 늘어났고, 2018년에는 135만 4,731명으로 증가했다. 한국의 공무원 수는 지방자치단체 소속 공무원을 제외한 중앙정부 소속 공무원만 따져도 2012년, 61만 5,000명에서 2016년, 62만 9,000명으로 증가했고, 18년에는 64만 9,000명으로 증가했다. 우리가 서울시 내에서 보는 소방서 등의 공무원은 서울시 소속이라 여기서 모두 제외된 수치이다. 여의도 거래소 및 코스닥시장에 상장 및 등록된 기업들의 총 직원 수를 2014년 전수 조사한 결과 총 146만 2,593명이다. 2018년에는 지속적인 코스닥 등록 증가에도 불구하고 거래소 및 코스닥 기업의 총 직원 수는 140만 9,099명으로 하락했다.

	2012년	2018년
중앙정부 공무원 수(A)	615,000	649,000
상장 기업 총 직원 수(B)	1,462,593	1,409,099
A/B	42.0%	46.1%

출처: 행정안전부, 한국중견기업연합회

지방자치단체 소속 공무원들을 제외한 중앙정부 소속 공무원 수치만 봐도, 2012년에 거래소 및 코스닥 상장기업 총 직원 수의 42% 수준이다. 그런데 2018년에 공무원은 계속 증가한 반면 거래소 및 코스닥 상장기업들은 경제 불황으로 2012년 대비 직원 수가 5만 명 이상 감소했다. 그래서 A/B 비율은 46%대로 증가한다. 여기서 주의할 점은 매년 코스닥 신규 등록기업들이 많다는 점을 감안할 때, 실질적인 A/B 비율은 이보다 더 증가했으리라고 보인다는 것이다. 거래소 및 코스닥에 등록하지 못한 민간 기업들의 현실은 훨씬 더 안 좋다는 점을 생각해야 된다.

만약 정책 당국이 이런 식의 비율 접근을 했다면, 과연 앞으로의 한국에 부담을 줄 수 있는 공무원 증가 정책이 시행될 수 있는가 하는 반문이 자연스럽게 생기게 된다. 호재는 하나씩 나타나지만, 악재는 연속적으로 나타나거나 한꺼번에 나타나기 쉽다. 왜냐하면, 노령 인구 증가, 출산률 저하, 결혼 비율 감소, 각종 연기금 재원 고갈, 의료비 확대 등 각종 요인이 매우 유기적으로 얽혀 있기 때문이다. 그 유기성은 한국 사회의 인구동태학 측면에 그치지 않고 글로벌 구도 변화도 함께 얽힐 수 있다.

대한민국 경제 성장 기회, 그 첫 번째: 자산 가치의 변화

　앞서 한국에 다가올 위기 두 가지를 살펴보았다. 여기서는 경제 성장의 기회에 대해 알아보고자 한다. 한국의 옛 설화 중에 누구의 소유도 아닌 대동강 물을 돈을 받고 판 봉이 김선달에 대한 이야기가 있다. 봉이 김선달은 바람잡이들을 이용하여 실제로 물을 사고파는 것처럼 보여주었고, 이를 구경하던 구경꾼들은 결국 대동강 물을 돈 주고 사게 된다. 황당한 이야기이지만, 놀랍게도 이와 유사한 일이 우리 눈앞에서 일어났다. 현대의 봉이 김선달은 바로 2000년대의 미국 연방은행이고, 대동강 물은 달러화로 볼 수 있다.

　돈은 동전^{coin}을 제외하고는 종이이다. 20여 년 전 한국은 10원 동전은 주조하는 데 들어가는 원가가 10원을 넘어선 상태가 몇 년 지나자,

결국 예전의 1원 짜리보다 좀 더 큰 크기로 축소되었고 1원 동전은 유통하지 않고 있다. 시간이 흘러 그 작아진 10원 동전 주조 원가도 표시된 액면 금액을 넘어서는 시기가 되었다. 그렇다면 일상적으로 가장 많이 사용하는 만 원짜리 지폐의 원가는 얼마이고, 미국 100달러 지폐의 원가는 얼마일까?

닉스 독트린이 발표되기 직전 프랑스는 미국의 금 보유고가 발행된 달러화에 턱 없이 모자란다는 사실을 눈치 채고, 달러가 약속한 금 태환을 요구하여 미국 정부는 혼 줄이 난 적이 있었다. 이후 금 태환 정지 발표 이후 미국은 자국의 경제력을 바탕으로 달러 가치를 성공적으로 세계 국민에게 설득하는 데 성공했었다. 그런데 2000년대 이후 중국이 급성장하고 2001년에 9 · 11테러와 2007년 리먼브라더스 사태가 발발하면서, 미국의 조폐국은 매우 바빠졌다. 그럼에도 불구하고 미국판 봉이 김선달로 비유되는 미국 연방은행은 봉이 김선달이 주인 없는 대동강 물을 팔아 치우듯이, 미국 달러화의 유통되는 지폐 수가 급증했음에도 이를 성공적으로 세계 기축통화로 사람들이 믿게끔 성공한다. 여기서 두 가지 질문이 생기게 된다.

① 앞으로도 계속 성공할 수 있을까?
② 변화의 조짐이 생긴다면, 그 사실을 알게 되는 것은 누구일까?

중국 외환보유고 중에서 미국 국채 규모 추이(단위: 십억 달러)

출처: 미국 재무부

변화의 조짐을 가장 먼저 알게 되는 것이 누구인지를 알기 위해서는 다시 봉이 김선달의 이야기를 할 필요가 있다. 대동강 물을 더 이상 팔 수 없게 되는 조짐을 누가 가장 먼저 눈치 채게 될까? 대부분의 사람들은 봉이 김선달이 가장 먼저 알게 되는 당사자로 꼽을 것이다. 그런데 실은 '바람잡이'가 봉이 김선달보다 더 일찍 눈치 챌 수도 있다. 왜냐하면 바람잡이가 대동강 물을 그냥 퍼 가지 않고 봉이 김선달에게 사람들 앞에서 돈을 주고 퍼 가면서 거래 구도가 시작되었다는 점이 핵심이기 때문이다. 만약 바람잡이가 돈을 주지 않고 대동강 물을 그냥 퍼 가는 모습을 사람들 앞에서 보였다면 아무도 돈을 주고 물을 사지 않았을 것이다.

현재의 미국 달러화 구도에서 봉이 김선달은 미국 연방은행이다. 그렇다면 바람잡이는 누구일까? 바로 중국이다. 중국은 미국 조폐국의 인쇄기가 열심히 돌아갈 수 있게 하는 연료를 제공한다. 미국 국채의 지속적인 매입이라는 형태로 말이다.

앞의 그래프는 중국 외환 보유고 중 미국 국채 규모이다. 2008~2010년까지 3년 동안 미국 조폐국이 거의 미친 듯이 인쇄기를 돌릴 수 있었던 근본적 이유는 중국이 무려 3년 만에 미국 국채 보유량을 2배 더블로 늘렸기 때문이라는 걸 발견할 수 있다. 중국은 이 시기 훌륭한 달러 바람잡이 역할을 했고, 중국이 투자 측면에서 떠안은 리스크도 매우 컸었다.

왜 미국 재무성이 자국이 아닌 중국의 국채 보유 규모 수치를 전 세계에 제공할 정도로 열심히 들여다보고 있는 걸까? 봉이 김선달이 대동강 물을 계속 팔기 위해서는 바람잡이가 꼭 있어야 했듯이, 미국 정부는 달러화 향방의 열쇠를 쥐고 있는 중국의 협조가 꼭 필요하다. 만약 중국이 바람잡이 역할에 소극적이면, 미국은 할 수 없이 자국의 금리 인상을 계속 해야 하는 구조이다. 이제 또 질문을 하게 된다. 만약 중국이 리먼브라더스 사태 발발 이전 수준으로 미국 국채 보유 규모를 정상화한다면 어떻게 될까? 쉽게 말하면 앞의 그래프의 2008년 시작점 이전 수준으로 돌아가게 되면, 어떠한 자산이 유망할까?

이 질문에서 2020년대의 기회를 찾을 수 있다. 실물자산이 될 지, 아니면 금이 될 지, 아니면 중국의 위안화가 될지는 알 수 없으나, 이러한 자산이 2020년대 이후로는 달러화보다 가치가 높아질 가능성이 크다. 그러므로 이 시기에는 거꾸로 달러화의 가치 변화 가능성에 예의 주시한다면 위험을 피하고 경제 성장을 할 수 있는 기회를 마련할 수 있을 것이다.

한 가지 조언을 하자면, '가만히 있는 사람이 결과적으로 유리할 수 있는' 시나리오도 고려할 만하다. 우리가 편도 8차선 대로에서 차를 운전하고 있다고 가정하자. 옆 차선의 차가 더 빨리 가는 것 같아, 옆 차선으로 깜박이를 키고 차선을 변경하였다. 그런데 끼어들자마자 그 차선은 속도 답보를 보이고, 원래 내가 있었던 차선의 차들은 정체가 풀리며 제 속도를 내는 경험을 한번쯤은 했을 것이다. 경우에 따라서는 신출귀몰하게 자주 차선 변경을 하며 내 차를 앞질렀던 차가 얼마쯤 가보니 추돌사고를 일으키며 차체가 찌그러진 채 서 있는 모습을 필자는 본 적이 있다.

하나의 기회에 대해 이야기하면서 아무것도 하지 않는 안도 제안하는 이유는 다음과 같다. 흔히 자산시장에서 차선 변경을 하며 과거에 많이 목적지가 되었던 미국 달러화의 신화가 계속 지속될지 점검해야 될 변수들이 많이 잠복해 있기 때문이다. 금은 실질적으로 거래 비용이 화폐보다 더 많다. 달러화 자산이 집중된 서양의 기존 금융 자산가들은 차선 변경을 고려할 수도 있지만, 한국 국민이라면 대부분 원화 자산에 집중된 비균형 자산을 가지고 있더라도 이 '비균형'을 유지하는 게 최종수익률 계산 측면에서는 나빠 보이지 않기 때문이다.

대한민국 경제 성장 기회, 그 두 번째 : 허브 역할

인생은 선택의 연속이다. 미래도 선택의 연속이다. 이 선택들은 실제는 복잡하겠지만, 두 개의 선택 중의 하나라고 단순화해서 논의해보자. 2032년에는 딱 두 가지 시나리오만이 존재한다고 가정하는 게 의사 결정에 도움이 될 것이다. 2차 세계대전 이후 지금까지 세계의 중심은 미국이다. 그래서 마이클 잭슨은 'We are the world우리가 세계이다'라는 수많은 미국 가수들이 참여한 노래를 주도하였고, '세상을 구하라'라는 주제가 한 참 동안 미국 팝송에 자주 나오는 주제가 되기도 했었다. 하지만 이것이 언제까지 지속될 수 있을까? 우리는 다음과 같은 두 가지 질문을 해볼 수 있다.

① 2032년 세계의 중심은 어디일까?

② 그리고 2050년 세계의 중심은 어디일까?

뉴욕에서 상하이 가는 비행기를 타는 과정이 위 두 질문과 연관될 수 있다. 2032년에는 뉴욕과 상하이가 세계의 중심이 될 것이며 이 두 곳을 최단 시간으로 오갈 수 있는 것은 대서양보다는 태평양을 가로지르는 노선으로, 서울을 거치게 된다. 이러한 병립 구조로 인하여 서울이 국제 갈등의 중간에서 혼란을 겪겠지만 이를 성공적으로 극복하면 새로운 중재 도시가 될 가능성이 크다. 그렇기 때문에 2032년의 행보에 따라 한국이 '경제적 성장을 이룰 기회'가 잉태된다고 본다. 제도와 행정의 뒷받침이 되고 거시적 차원의 인프라 투자가 된다면, 2032년부터 지속될 병립 구조로 인해 향후 15년간 세계의 중심과 이어지는 허브 역할을 할 수 있을 것이다. 서울이 세계의 중심과 이어지는 허브 역할을 하기 위해서는 국내에 몇 가지 특구가 허용되어야 한다.

서울 미술 특구가 제도적으로 허용된다면, 서양 미술품을 아시아 부자들에게 파는 지정학적 중재지로서 서울은 홍콩을 앞지르거나 추격할 수 있다. 서울 인사동은 과거 전통적으로 그림을 파는 화랑가로 국내 미술품 시장 역할만 했었다. 삼성이 2004년에 리움미술관(한남동 소재)을 개관하고, 서울옥션이 앞서 1998년에 가나아트갤러리(평창동 소재)를 개관하면서 미술시장은 도약을 했다. 그러나 후발주자인 홍콩의 미술시장이 더 놀라운 속도로 눈부신 비약을 보였다. 아시아 미술시장의 거점이 된 홍콩은 2013년에는 수준 높은 예술 작품을 선보이는 국제적 행사인 '아트 바젤 인 홍콩'을 개최하였다. 2018년에 개최한 아트 바젤 인 홍콩에서는 단 5일 동안 8만 명의 유료 관람객과 1조 원의 작품 판매 매출을 기록하기도 했다.

유럽에서 상륙한 갤러리와 경매사 주도로 홍콩 미술시장의 비약적 발전을 가져왔다는 점을 상기하면, 한국도 유럽 및 미국 갤러리와 경매사에게 우호적으로 거래할 수 있는 제도적 여건을 마련하는 것으로 미술시장의 국제적인 도약을 보일 수 있을 것이다. 홍콩의 페더빌딩에는 미술 경매회사들이 줄지어 자리 잡고 있는데, 이 빌딩의 임대료는 금융회사조차 오래 버티기 힘들 정도로 비싸다. 서울의 임대료는 페더빌딩의 10분의 1 수준이라는 점을 강조하면 아시아 미술 시장의 대안이 될 수 있다. 물론 홍콩과 같은 수준의 정책 지원이 보장된다는 가정하에 말이다. 홍콩에서는 2047년까지 미술품 거래에서 면세정책이 유지된다. 한국에서도 서울을 미술 특구로 정하고 면세 정책 등으로 유럽 및 미국의 미술시장에 어필한다면 홍콩을 대체하는 아시아의 미술시장으로 거듭날 수 있을 것이다. 서울 금융 특구가 제도적으로 허용된다면, 아시아 금융시장의 3대 허브인 싱가포르·도쿄·홍콩에 서울이 아시아 4대 허브로 당당하게 낄 수 있다.

싱가포르 시내에 자리 잡은 클럽에는 투자은행에 근무하는 서양인들을 많은데, 서울에 자리 잡은 클럽에는 서양인들은 영어학원 선생님으로 일하는 직업군이 주류인 상황이다. 부산 영화 특구가 제도적으로 허용된다면, 할리우드가 세계 영화 전부를 휘두르는 시대에서 아시아 경제력에 상응하는 아시아 목소리를 역으로 서양에게 들려주는 아시아 허브로 자리 잡을 수 있다. 지금까지 세계 3대 영화제는 프랑스 칸 영화제·독일 베를린 국제 영화제·베니스 국제 영화제였다. 한국 영화가 가치관의 유행에 대한 눈치 보기와 편승을 자제하고, 영화 장르가 가지는 고유의 본질에 충실하면 2032년 부산 영화제는 명실상부한 국제 영화제가 될 수 있다. 왜냐하면 기존의 3대 영화제가 열리는 장소가 아시아와 멀리 떨어져 있기 때문이다.

강원도 카지노 특구가 제도적으로 허용된다면, 2032년에는 더 이상 라스베이거스 및 마카오가 아니라 정선 지역이 아시아 및 서양 부자들이 찾아오는 대안이 될 수 있다. 이미 러시아는 블라디보스토크의 카지노에는 러시아 중심과는 철저하게 다르게 특구 성격을 부여하고 있다. 왜냐하면 블라디보스토크는 중국 및 아시아 부자들이 쉽게 올 수 있는 거리에 위치하고 있어, 매출 발전 가능성이 높기 때문이다.

한국은 중립성과 접근성을 바탕으로 교통·미술 거래 시장·금융 중개·영화제·카지노 등의 다양한 분야에서 세계의 허브가 될 수 있는 잠재력을 가지고 있다. 미국의 정신적 모태인 런던이나 중국에 편입되기 전부터 여러 국가들의 허브 역할을 해온 홍콩 등의 기존 허브들보다 한국이 가지는 실질적 중립성은 글로벌 측면에서 세계 각국에 매우 강하게 어필될 것으로 예상된다. 만약 2026년과 2032년 사이 예상되는 두 가지 국가적 위기를 잘 이겨 내고, 국가 차원의 지원이 있다면 놀라운 경제 성장을 이룰 발판을 마련할 수 있으리라고 본다.

6장

2032
제조업 트렌드

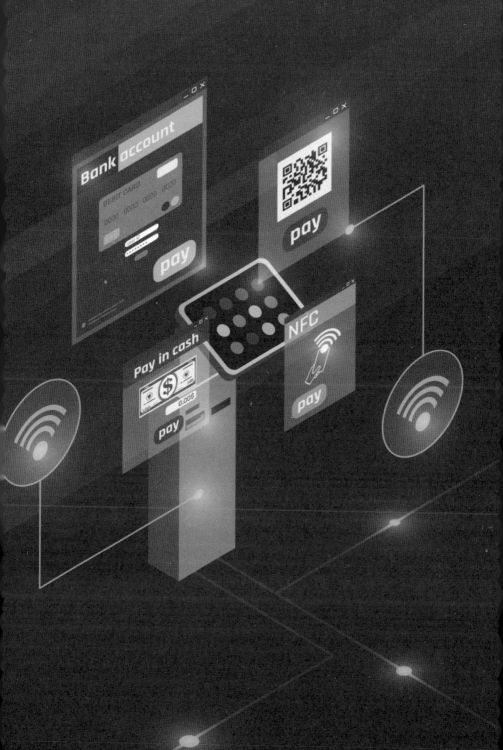

한국의 제조 기업은
발상의 전환을 해야 한다

한국의 경제에 있어 제조업의 역할은 우리가 막연하게 생각하는 수준 이상으로 매우 중요하다. 2018년 한국 GDP 중에서 국내 총생산 제조업 비중은 29.2%이다. 이 수치가 작게 느껴질 수 있는데 정부의 최종 소비지출 비중인 16.1%와 민간의 최종 소비지출 비중 48%를 빼면 사실상 모두이다. 국내 총생산에서 농림어업 비중이 2%인 점을 감안할 때, 그 수치는 15배 수준이다.

2019년에도 한국의 10대 수출품은 반도체 · 자동차 · 석유 제품 · 자동차 부품 · 선박 해양 구조물 및 부품 · 합성수지 · 평판 디스플레이 · 철강판 · 무선 통신기기 · 플라스틱 제품 순이다. 제조업의 수출 기여도는 90% 이상인데, 사회적 분위기는 4차 산업혁명의 선전에 시선을 고정하며 실질적인 한국 경제 흐름을 간과하는 양상이다.

이를 나무랄 수만 없는 점은 위에서 거론되지 않는 많은 제조업의 기반이 흔들리고 있기 때문이다. 제조업은 고용 측면에서 다른 산업에 미치는 파급 효과도 크다. 제조업의 일자리가 하나 줄어들면 그 감소는 그 업종에서만 그치는 게 아니라 전·후방의 관련 업종에 추가적으로 1.4개의 일자리가 같이 없어지는 것으로 나타나고 있다. 서비스업의 경우 일자리가 하나 줄어들면 그 감소는 그 업종에서 사실상 그치며 전·후방 관련 업종에 추가적으로 0.07개의 일자리가 감소할 뿐이다. 가치 사슬 측면에서 연구 개발부터 서비스 판매까지 영향을 미치는 폭과 길이가 긴 제조업에 대한 장기적인 전략 없이, 한국 경제 전략을 논하는 효과가 제한될 수밖에 없겠다. 여기서 이 주제에 전적으로 내용이 할당될 수 없기에, 대표적인 업종과 기업을 사례로 꼽아 논의해 본다.

장난감이지만 어린 아이를 대상으로 하지 않고 어른들의 수집욕을 자극해 판매를 촉구하는 장남감이 있다. 바로 일본 메디콤토이가 만든 '베어브릭BE@RBRICK'이다. 이 베어브릭은 곰의 모양을 기교 없이 미련할 정도로 단순하게 만들었다. 하지만 이 단순함이 응용력의 근원이 되어, 7cm 크기를 기본 사이즈로 해서, 200% 크기인 14cm, 400% 크기인 28cm, 1,000% 크기인 70cm 제품으로 확대되고 축소 버전인 70%와 50% 크기도 라인업되어 각각 크기가 다른 여섯 가지 버전의 제품이 있다. 또한 1년에 두 번 일반 제품과는 다르게 캐릭터와 아트를 그려 넣은 한정판이 출시되면서 지금은 수천 가지 한정판 베어브릭이 존재하고, 그 희소성에 의해 사람들 사이에서는 출시 가격보다 최고 30배 가격으로 거래되기도 한다.

캐릭터 산업이 발전한 일본에서 무심결에 또는 아이들 장난감 사주러 들린 가게에서 우연히 마주치게 되는 베어브릭은 그 단순함과 다양성 때문에 '살까 말까'를 한참 고민하게 만든다. 결국 안 사고 한국에 돌아오면 눈앞에 아련하게 생각나고, 안 사고 돌아온 그 물건을 사러 다시 일본에 가볼까 하는 허황된 생각마저 들며 웃음이 나오게 한다. 한국에 온 관광객이 여행 기념품 가게에서 살 수 있는 물건 중에서 한국산made in korea이거나 '중국 혹은 베트남 OEM이더라도 한국 기업이 제작을 의뢰한 물건'은 얼마나 되고, 그중에 외국 관광객이 사고 싶다고 느낄 정도로 매력적인 제품은 과연 몇 개나 될까?

대포항에 으리으리한 위엄을 가지고 신축된 롯데리조트 옆 롯데호텔 지하에는 30평 남짓한 규모의 기념품 가게가 있다. 먹는 거 빼고 장식할 수 있는 소품을 뭐라도 하나는 사겠다는 결의를 다지고 가게 안을 샅샅이 살펴보지만 부엉이 목조각 하나밖에 눈에 안 들어온다. 그것마저도 서울 잠실 소재의 미술품 가게에서도 판매하고 있는 물건이다. 제품의 밑을 살펴보니 '메이드 인 차이나'라고 되어 있다. 집에 외국산 장식품만 있어 안동 하회탈 같은 한국을 상징할 수 있는 상품이 있으면 사려고 했지만 그런 물건은 팔고 있지 않았다.

한국에는 중고 장난감 가게가 사실상 없다고 할 수 있을 정도로 매우 희귀하다. 반대로 일본은 중고 장난감 가게가 의외로 많고, 100평 규모의 2층 건물, 총 200평 규모의 장난감 가게가 후쿠오카 최중심 지역인 텐진역 4번 출구 부근에 떡 하니 자리를 차지하고 있기도 하다. 만다라케라는 이름을 가진 이 장난감가게에는 마치 장난감 박물관처럼 수많은 장난감이 있다. 처음에는 당연히 새 제품들만 판다고 생각하고 들어갔는데, 세세하게 살펴보면 40%가량의 물건이 중고 제품이다. 특히 어른들이 수집용으로 사는 장난감의 경우 희소한 모델일수록 중고 장난감 비중이 높아진다. 중고 장난감 가격도 거의 당시에 샀을 것으로 추정되는 정가로 판매 가격이 붙어 있으며, 사용한 흔적은 있어도 대부분 박스 케이스까지 완비되어 있다. 망가트리지 않고 곱게 쓰던 장난감을 몇 년 후에 다시 정가에 팔 수 있는 한국 장난감이 과연 있는가?

무식할 정도로 단순하게 만든 외형을 무기로 삼아, 수 천 가지의 한정판을 쏟아내는 다양성의 역설에 거꾸로 끌리게 된다. 베어브릭의 수천 가지 한정판 중에는 한국의 가수인 동방신기 · BTS 버전도 있고, 2016년에는 한국에서 한국 아티스트들과 컬래버레이션으로 아트토이 전시회가 열리기도 했었다. 왜 한국의 기업과 아티스트들은 한국 장난감에서 그 대상을 찾지 못하고, 일본 장난감을 통해 컬래버레이션을 한 걸까? 돌이켜보면, 88 올림픽의 마스코트였던 호돌이도 있고, 안동 하회탈이나 선풍적인 인기를 끌었던 애니메이션 캐릭터인 뽀로로도 있다. 아니면 새로운 캐릭터 상품을 만드는 것도 한 방법이다. 하지만 그렇게 하지 못한 것은 그 캐릭터들을 통해 키덜트 토이로 접근하는 시각이 전무했기 때문이다. 시장도 없고 리더십도 없기 때문이다.

앞에서 살펴본 완구 사업에서 볼 수 있듯이 한국 제조업은 한국의 장난감 업체와 일본의 장난감 업체 사이에 커다란 차이가 생겼다. 발상의 전환이 없다면 장난감 사업에 그치지 않고 제조업도 미래에는 도태되고 말 것이다.

한국 제조업의
성장 가능성을 보여주는 MCM

MCM은 독일에서 1976년 설립되었고, 2005년 한국 기업인 성주디앤디가 인수했다. MCM은 모던 크리에이션 뮌헨^{Modern Creation München}의 이니셜 명칭이다. MCM의 크리에이티브 디렉터는 성주디앤디가 인수한 지금도 독일인이다. 2014년 매출 5,899억 원을 기록한 이후 성장 모멘텀이 정체되는 양상을 몇 년간 보이고 있다.

가방은 키덜트 토이와는 차이가 많지만, 소재 질감과 더불어 디자인 컬래버레이션을 하는 측면에서 베어브릭과 공통점이 있다. 컬래버레이션의 소재와 범위가 다소 제한되어 있다는 점에서 차이는 있지만, 시즌 한정판 관점에서 그 범위를 넓히면 정체된 모멘텀의 돌파구가 생길 것이라고 본다. MCM은 최근 몇 년 동안 화장품 사업 진출을 모색하며 돌파구를 찾고 있는데, 성인 남자들의 관심 가질만한 '키덜트 토이'가 가미된 캐릭터를 만들어 낸다면 백팩 액세서리 등의 응용 범위가 생길 것이라고 예상된다.

홍대 '걷고 싶은 거리' 중심에 특이하게도 MCM 매장이 있다. 샵을 둘러보면 홍대 젊은 멋쟁이들이 등에 메고 싶은 '백팩'과 이 거리를 찾는 아시아 관광객들의 시선을 끌 '여행용 캐리어'가 메인으로 디스플레이 되어 있다. 그만큼 MCM은 자신의 상품을 통하여 젊은 소비자들과 대화하고 싶다는 메시지가 느껴진다. 이런 측면에서 향수 등 화장품 신규 진출보다는 가방 액서서리 차원에서의 캐릭터 및 디자인 개발은 가방 본연의 경쟁력을 높이는데도 도움이 되지 않을까?

명품 가방 브랜드인 보테가베네타에서 가죽을 엮은 디자인의 팔찌 액세서리 사업에서 선전하여 가죽을 엮은 디자인의 가방의 매출에 일조한 사례를 볼 때 키덜트 토이와 접목하면 놀라운 시너지 효과가 예상된다. 그리고 한국 기성 기업 중에서 이 조건에 충족하는 곳이 바로 MCM이다. 다음의 표에서 보듯이 명품 가방 브랜드들은 30여 개에 달한다. 낸시곤잘레스 같은 경우 미국 상류사회에서는 샤넬보다 더 쳐주는 경향 있으나, 유독 한국에서는 마케팅이 약하다. 전 세계에 통하는 브랜드는 10여 개 정도로 줄어든다.

성장 모멘텀이 과거보다 정체된 명품 가방 브랜드		
명품 가방 브랜드	에르메스, 콜롬보, 샤넬
	루이 비통, 낸시곤잘레스, 디올, 프라다, 베르사체, 보테가베네타, 발렌티노, 끌로에, MCM, 지미 추, 구찌, 펜디, 고야드
	생로랑, 마크 제이콥스, 페라가모, 버버리, 델보, 발렉스트라, 토리 버치, 코치, 마이클 코어스

글로벌 럭셔리 브랜드로 가방업계에서 유일하게 한국 자본인 MCM의 향방은 단순히 김성주 회장의 개인의 문제가 아니다. 반도체 · 자동차 등의 기술 분야 제조업이 아니라, 그 반대편의 비기술분야 제조업의 방대한 시장에서 '한국도 땅 따먹기를 할 수 있냐 없냐'를 보여주는 중요한 지표가 MCM이기 때문이다. 이런 측면에서 위의 표에서 거론된 명품 가방 브랜드들 중에 현대미술 작가뿐만 아니라 상업성 아트 작가까지 컬래버레이션을 확대한 시즌 한정판 생산의 성공 여부는 그 형태의 유사점을 봤을 때 '한국판 베어브릭'의 성공 여부와 같다고 볼 수 있겠다.

미국 팝송가수 브루노 마스Bruno Mars는 세계적으로 히트곡이 많은 가수이다. 이런 유명 가수가 '마루 위에 놓인 베르사체Versace On The Floor'라는 노골적으로 베르사체를 광고하는 노래를 2017년 발표했었다. 의외로 이 노골적인 광고 노래가 빌보드 상위에 한참 동안 머물렀고, 뮤

직비디오에는 슈퍼모델 젠데이아 콜먼^{Zendaya Coleman}이 베르사체 드레스를 입고 립싱크를 한 뮤직비디오가 세계 채널에서 한참 동안 인기리에 반복 방송되었다. MCM이나 향후 이를 이을 잠재 모델 등이 앞으로의 마케팅에서는 오히려 노골적으로 브랜드를 드러내며 다른 영역의 K팝 아티스트들과 마케팅해야 함을 시사해주는 대목이다. 가격이 아니라, 남들이 하지 못하는 나만의 개성을 표현하는 희소성이 2032년의 새로운 트렌드가 될 것이라고 전망한다.

한류 열풍과 화장품 제조업의 상관관계

명동 상가를 먹여 살렸다는 말이 과장이 아닐 정도로, 명동 상가에는 한 집 건너 한 집 꼴로 화장품 가게가 자리 잡고 손님들이 연신 찾아올 때가 있었다. 일명 'K 뷰티'라 일컬어지며, 중저가 화장품 브랜드들이 호황을 이루었고, 중국 시장도 앞다퉈 들어갔다. 그런데 중국 소비자들도 가격이 싸다는 사실만으로 줄줄이 구매하던 패턴이 줄어들며, 이니스프리 · 에뛰드 · 잇츠스킨 · 토니모리 · 클리오 등의 화장품 브랜드들이 매출 답보 국면에 들어가고, 스킨푸드는 구조조정 전문 사모펀드인 파인트리파트너스에 인수되기도 했다.

반면 고급 화장품 브랜드 '후'는 2016년 매출이 1조를 상회했고, 2018년 매출은 2조를 상회했다. 마찬가지로 고급 화장품 브랜드인 '설화수'는 2015년에 매출 1조를 올렸다. 서양의 에스터로더 및 디올, 일본 화장품 브랜드인 SK-II와 겨루면서 이룩해낸 후·설화수·헤라 등의 신화는 한국의 자랑이다.

적색과 황금색으로 황실과 한방을 연상시키는 '후'의 선방은 중국 소비자를 향한 타깃 마케팅 효과를 불러왔다. 시작은 중저가 브랜드가 중국 시장 진입의 씨앗을 뿌렸고, 이를 바탕으로 고가 브랜드에 대한 구축이 가능했다. 따라서 시장의 구조조정 이후에도 살아남은 중저가 브랜드들은 중국 시장 개척에 있어서 고급 브랜드와의 상호 마케팅 효과가 재현될 수도 있다. 그리고 더 크게 보면, 한류 드라마와 K팝이 보이지 않게 마케팅 측면에서 선구자적인 길을 터주고 있다고 보이며, 거기서 파생되는 효과를 경제적 측면에서 한국 화장품 업계가 거두고 있다고 해석된다.

후·설화수·헤라의 성공에는 1차적으로는 한류 드라마와 K팝이 바람잡이 역할을 했고, 2차적으로는 중저가 브랜드의 인기몰이가 바람잡이 역할을 했기에 가능했다고 판단된다. 결국 기능성 화장품 본연의 기술력과 상품성도 중요하지만, 1·2차 바람잡이들도 같이 살아야지 고급 브랜드의 성장도 멈추지 않을 것이다. 한류 열풍의 궁극적인 최대 수혜자는 K팝 가수 및 배우들보다도 한국 화장품 업종이 거두었다고 본다. 이러한 수혜가 2032년까지도 지속되기 위해서는 화장품 업종이 한류 문화에 일부라도 투자해야 되는 구조임을 시사한다.

한국 제조업의 대들보, 자동차 산업 생존 전략

청소년기에 아버지의 소나타 뒷자리에 많이 탑승했고, 성년이 되어 운전면허를 취득했을 때는 소나타2를 몰고 다녔으며 2008년도에 NF소나타가 출시되었을 때는 새로 구매하기도 했다. 그런데 그렇게 애정을 가지고 있었던 현대자동차가 지금은 '가까이 하기에는 먼 당신'이 되었다. 그 첫째 이유는 제조업에 종사하기 시작하니, 같은 제조업인 현대자동차 노조의 행태가 귀족 행태로 보여지고 좋은 차를 만들어 소비자에게 제공하기 위해서가 아니라 자신의 이익만을 추구하는 게 실감이 나서 현대자동차 노조가 좋아할 일을 하는 데 거부감이 생긴 탓이다.

둘째는 내가 구매했던 소나타 2종 모두, 미국에서 판매하는 동종 모델과 비교했을 때 한국에서 판매하는 모델의 일부 부품의 품질이 더 낮은데, 오히려 가격은 미국에서 판매되는 제품보다 훨씬 비싸다는 것을 알게 되었다. 그 외에 잦은 페이스리프트, 모델 체인지 등 여러 가지 사소한 이유도 있다. 이후 독일, 미국, 일본에서 제조되는 차량을 타보면서 나름 만족감을 느낀 것도 이유 중 하나이다. 그런데 2032년 대한민국의 미래를 논하고자 하니, 대한민국 제조업에서 중요한 위치를 담당하고 있는 현대자동차에 대해 이야기하지 않을 수가 없다. 또한 현대자동차에서 삼성동 한전 부지 건물을 약 10조 원에 매입해, 신사옥을 건설할 예정이기 때문이다.

당초 102층으로 계획되었던 이 건물의 높이는 569m가량으로 롯데 555m인 롯데 월드타워보다 더 높은 건물을 짓는다고 하니, 완공까지 적어도 약 5년가량 소요될 듯하다. 2020년 4월 총선 전에 실제 착공이 된다면 2025년경에는 한국에서 가장 높은 빌딩이 삼성동 현대 글로벌 비지니스센터로 바뀌게 될 것이다. 현대차는 2018년 매출액이 전년도 대비 소폭 증가했으나 영업 이익은 47%로 급감한 바 있다. 2019년에는 지난 2년간의 실적 부진과 사뭇 다른 양상을 보이고 있으나, 팰리세이드 신차 효과가 제한될 2020년에는 풀어야 할 과제가 산적해 있다.

삼성동 건물이 완공될 때, 현대차는 어떠한 모습을 하고 있을까? 만약 삼성동 한전 부지 건물을 삼성 등에 되파는 게 현실적으로 불가하고, 지을 수밖에 없다면 다음과 같은 전략 방향이 향후 생존에 도움이 될 전망이다.

첫째, 제조 라인에서 여성 근로자 비중을 늘린다.

노조 입장을 전체적으로 살펴보면 주 40시간 노동을 주장하고 있다. 이는 조립라인에서 기계 의존도가 높은 공정에 여성 근로자의 비중을 늘리면 해결할 수 있다. 여성이 경찰직에 종사하고 119 응급대 및 군인에 종사하듯이, 충분히 조립라인에서 주 40시간 근무 가능하다. 이러한 여성 근로자 채용은 궁극적으로 고비용 저효율을 초래한 노사 갈등을 극복하고 협력적 노사 관계를 구축하는 데 의외의 효과가 발휘되리라 판단된다. 여성 근로자는 섬세하고 현실 판단이 빠르며 감사 표현 능력이 풍부하다는 장점도 있다.

둘째, 경영자도 본연의 경영에 충실하고, 정치적인 논리가 들어간 경영은 과감하게 거리를 두어야 한다. 특히 정치집단의 제의는 과감하게 사양한다. 그렇지 않으면, '악순환의 연속'일 뿐이다. 정부는 이미 '경제 논리'의 문외한이 된 지 오래다. 정부가 말하는 탄력시간제의 장단을 맞추는 제스처를 취하는 이상, 결코 협력적 노사 관계의 구축은 불가능함을 경영자들도 분명히 인식할 필요가 있다.

셋째, 중국 공장의 가동률을 70%선은 유지하는 방향으로 최대한의 경영 자원 할당 및 집중 전략이 절실해 보인다. 중국 시장의 자동차 구매 트렌드에 부합할 수 있도록 하고, 경우에 따라서는 북미시장보다 중국시장을 우선적으로 겨냥한 모델의 개발도 염두에 두어야 한다. 현지 상품력 제고 및 A/S망 확충 등 현지화에 대한 꾸준한 노력과 기술력 확보가 맞물릴 때, 본토 자동차 기업의 성장세에 밀리지 않을 것이다.

만만찮은 과제들이 산적해 있는데, 무엇보다 한국 국내 소비자로부터의 신뢰 유지 및 회복이 가장 근본적인 과제이다. 앞으로 건축될 삼성동 신사옥을 통해 현대자동차 기존 구매자 및 잠재 구매자와의 실질적인 연관성을 높이는 작업이 절실해 보인다. 이런 점에서 부지의 탄천교 쪽 남동 코너 부근에 현대자동차 튜닝 공간을 마련하는 게 유리해 보인다. 벤츠의 공식 튜닝기업 AMG나 브라버스Brabus처럼, 현대자동차를 비롯한 한국의 자동차 업체들도 공식 튜닝기업을 키워 나가고 공생을 모색하는 노력이 필요하다. 이는 향후 궁극적인 마니아 확보 및 기업 이미지 개선에 큰 도움이 될 수 있다.

2020년대 중반부터는 현대자동차의 생존 전략이 국가 차원에서도 중요하게 읽힐 수 있다. 현대자동차의 관련 산업들이 국가 비상시에 군수산업으로의 변화 가능성이 있다는 점에서 이 시기 국가 안보에도 간접적인 연관 있이 있기 때문이다. 이는 큰 변수로 작용할 수 있다. 현대

자동차가 한국시장에서의 글로벌 품질 동일화 등의 노력을 통해 다시 국내에서 신뢰를 얻게 된다면, 정치적으로나 국가 차원에서 '밉거나 싫 증났더라도 다시 한 번 현대·기아차를!'이라는 여론의 도움을 받을 수 있는 전개가 예상된다.

· 미래 한국 경제에 있어
· 삼성의 역할

매출 200조 원대, 영업 이익 50조 원대인 삼성전자는 세계 5위 기업으로 평가받고 있다. 그런데 삼성전자의 본사 사옥은 두 차례 이사를 했다. 서울 중구 남대문 옆에 있었던 삼성전자 본사는 2008년 서초동으로 옮겼다. 서초동이지만 2호선 강남역 사거리에서 잘 보이는 곳으로, 심리적으로는 강남역 사옥으로 느껴지는 곳이다. 그런데 8년 뒤인 2016년에 삼성전자 본사는 수원으로 또 이사를 했다. 한국 최고 1등 기업의 본사가 더 이상 서울의 중심 또는 강남의 중심에 있지 않다.

삼성전자 본사의 이사는 단순히 건물의 물리적인 이동으로 한정되지 않는 듯하다. 이전까지는 삼성이 대한민국의 중심에서 경제를 견인하는 느낌이었는데, 10여 년 전부터는 대한민국 전체가 아니라 반도체·IT의 중심에만 서 있는 것으로 체감된다. 그리고 몇 년 전부터 '삼성전자의 사상 최대의 실적'이라는 미디어 보도는 자주 접하는데, 정작 우리가 느끼는 경기는 점점 침체되어 가는 듯하다.

한국경제의 미래를 위해 적어도 다시 심리적으로는 삼성전자의 본사가 남대문대로로 복귀해야 될 구조라고 판단된다. 이는 고급 제품에 대한 삼성전자의 경쟁력 유지보다 저가 제품에 대한 시장 점유율 유지 및 확대가 더 전략적으로 미래의 삼성에 있어 더 중요한 요인으로 분석되기 때문이다. 그만큼 최종 소비자들과 삼성은 더 접촉하는 통로를 유지해야만 삼성이 세계 5위를 넘어서 더 도약하는 발판이 될 수 있다.

삼성은 세계 2012년부터 세계 스마트폰 시장 점유율 1위를 유지하고 있다. 하지만 미국의 애플이 프리미엄 시장을 견고하게 잠식하고 있고 중저가 제품으로는 중국 업체가 잠식하고 있어 성장세와 수익성이 예전 같지 않다. 삼성전자는 스마트폰 시장에서 가성비로 접근하는 저가의 중국 제품에 동일하게 가성비로 맞대응하여 중저가 시장을 지켜 나가야 된다. 반도체시장은 메모리 반도체 부문의 강자로 자리 잡으며 2017년 매출액에서 인텔을 앞섰고 현재는 반도체 1위 자리를 놓고 인텔과 엎치락뒤치락하는 상황이다.

TV 및 가전 부문에서 매출 10조 원선을 유지하고 있으며 과거보다는 프리미엄 제품의 비중이 높아졌다. 디스플레이 사업 부문도 매출 10

조에 육박하는 수준이다. 삼성전자는 보유 현금이 100조 원을 넘는 것으로 알려져 있는데, 2018년의 경우 반도체 부문에서 23조 원대 설비 투자를 하고 다른 분야에도 5조 원대의 투자를 했음에도 그렇다. 영업 이익에서 절반 이상의 이익을 반도체시장에서 내고 있는 만큼, 미국의 비메모리 반도체의 성장 가능성과 반도체 사이클의 진폭 축소 및 중국의 잠재적 시장 진입에도 대처할 종자돈은 부족하지 않을 전망이다. 글로벌 파운드리 업체 인수, 국내 추가적인 반도체 클러스터 설립 등 예상 가능한 현금 지출 가능성들이 기다리고 있는 만큼, 보유 현금을 잘 지키고 있다면 2030년에도 최소한 세계 5위 기업의 자리를 지킬 수 있을 것으로 보인다.

한일 무역 분쟁이 신속히 해결되지 않고 악화되는 양상으로 전개된다면, 삼성전자는 자신의 과거 전문 분야에서 많은 과제를 안게 된다. 컴퓨터 프린터 시장에서 캐논 · 엡손 · 브라더 · 후지제록스 등 일본 제품이 독식하고 있는 시장에서 대체 수요를 충족시켜야 되는 등 할 일이 태산이다. 한국 국가 전략 측면에서도 전 세계 반도체 D램 시장에서 삼성전자와 하이닉스의 시장점유율이 기존의 70%선 유지를 2026년 이후에도 계속 유지할 수 있을지가 상당히 중요한 점검 사항으로 판단된다. 만약 2026년 이후 한국이 D램 시장 점유율이 60% 이하로 줄어들 경우에는 반도체산업이 한국의 지정학적 리스크를 줄여주었던 기능이 상당 부분 약화되는 구도이기 때문이다.

반도체 낸드플래시에서도 한국의 시장점유율이 기존 50%선에서 40% 이하로 줄어들 경우, 반도체산업으로 유지되던 전쟁 억지력이 효력을 잃어 지정학적 구도 변화가 있을 수 있다. 만약 삼성이 중국의 메모리시장 진입을 성공적으로 막고 현재의 시장점유율을 2032년까지 계속 유지한다면, '사실상 삼성이 한국의 국방을 지키는 역할을 하고 있다'고도 이야기할 수 있을 것이다.

2000년까지 시가총액에서 삼성전자를 늘 앞지르기만 했던 소니가 연속적으로 적자를 기록했을 때 몰락의 위기를 게임기·액션카메라·미국의 영화 콘텐츠산업 등에 투자하며 다양한 사업 구조조정을 통해 재기한 사례가 있다. 2032년 혼돈의 시기에 삼성은 가치중립적 콘텐츠산업에 투자하고 백색가전을 뛰어넘는 네트워크 툴 기능을 하는 소비자 전자시장을 모두 놓치지 않아야 앞으로도 계속해서 성장할 수 있을 것이다.

7장

2032 한국 경제 생존 전략

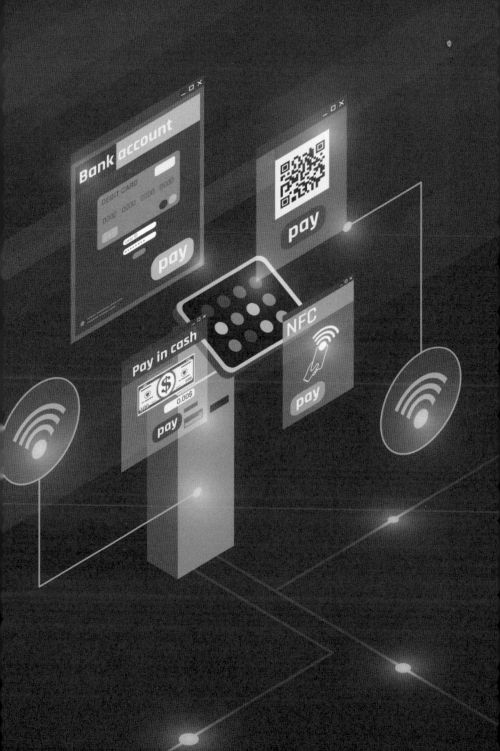

전화위복의
대한민국

국가 간의 물리적 충돌이 예상되는 시기로 장기 진입하고 있다. 갈등이 최고조에 달할 때 물리적 충돌이 발생한다. 한국의 장기 경제 전망은 한국전이 끝난 1953년 이후 근 70년 이상 주변 국가와 물리적 충돌 경험 없는 가운데 2020년대 중반에 진입하게 된다.

70여 년의 전쟁 미경험은 한국의 미래에 있어 기습적인 군사 충돌을 대비하기 위한 필요성에 대해 사회적 공감을 얻기 어려움을 시사한다. 이런 상황에서 과연 한국의 위기 상황 발생 시, 우리나라를 잘 지킬 수 있을까 하는 의문이 든다.

특히 전혀 생각하지 못했던 '국가간 물리적 충돌' 가능성이 높아질 경우에는 더욱 그러하다. 한반도를 둘러싼 미·중·일 등의 군사 전력은 정밀 타격과 해상 플랫폼을 이용한 기습 공격 그리고 스텔스 기능이 대폭 강화되는 동시에 대륙간탄도미사일 능력과 첨단 전투기 확보가 급속하게 이루어지고 있어 위기 상황이 발생할 경우 과거와 달리 '속전속결'로 전쟁이 끝날 가능성 높다.

현재는 전시의 작전통제권을 한미연합사령부가 가지고 있다. 한국으로의 작전통제권 이양이 그동안 두 차례 연기되어, 2020년대 중반에 전환 여부를 검토한다고 한미안보협의회^{SCM}에서 합의된 바 있다. 주권국가 입장에서 장기적으로 전시 작전통제권을 한국으로 가져오는 것은 타당한 이유라고 할 수 있지만, 작전통제권 전환 여부를 재검토하는 2020년대 중반이 마침 미국과 중국의 경제가 역전되는 시기와 겹친다는 점에 주목해야 된다.

만약 2020년대 중반에 전시 작전통제권이 한국으로 완전히 이양되면, 한국 내 미군의 지상군이 완전 철수할 가능성이 높아진다. 한국 내 미국 공군은 유지되겠지만, 공군의 핵심 전투력은 일본 규슈로 이동되리라 예상되고 일본 내 미군의 해병대도 더 비중 있게 배치될 수 있다. 현대 중국군의 실전 전투력은 아직 검증되지 않았다. 반면 미국은 합동작전 능력이 풍부하고 중국군이 안고 있는 부패 이슈도 없다. 실전 상황에서의 전투 경험이나 장비 조작 전문성은 미국이 앞선다. 이러한 일반적 인식은 자칫 중국을 '종이호랑이'로 생각하기 쉬운데, 경제력이 앞서기 시작하면 거의 모든 것이 해결되기 마련이다. 첨단 기술을 비싸게 주고 사려 하면, 개발자는 그 유혹을 뿌리치기가 힘들다. 그에 따라 미국과 중국의 기술 격차는 2020년대 중반에는 상당히 좁혀질 수 있으며, 그때가 되면 중국군은 혹자가 말하는 '당나라 군대'와는 사뭇 다른 모습이 될 것이다.

2020년대 중반의 이런 상황을 볼 때 일본이 큰 변수이다. 그때쯤에는 지금과 달리 군수 장비를 수출할 가능성이 높다. 미쓰비시 F-2三菱 F-2 전투기가 2030년부터 순차적 퇴역을 앞두고 있고, 일본 주도 개발을 주장하는 자민당의 목소리가 높은 여러 정황을 볼 때 전투기 국산화 스케줄을 내부적으로 준비했을 가능성이 높아 보인다. 2023년 육상 이지스 미사일의 지상 실전 배치 완료 이후 그 다음 단계인 해상 이지스 시스템과의 협업과 공격 미사일에 대한 간접적 접근도 배제할 수 없다. 일본은 자동차 등 14종 산업을 특별 보호대상으로 지정했고 기초 인프라 분야에서 외국 데이터 사용을 금지할 예정인데, 비상 시 전시산업 체제를 갖추는 전제 작업 성격도 내포된 듯하다.

2020년의 상황을 종합적으로 볼 때, 3개의 사건이 겹치는 시기와 조건이 다음과 같이 형성될 경우 상당히 긴박한 상황이 예상된다.

① 중국 GDP $\geq$ 미국 GDP

② 미국이 한국에게 전시 작전통제권을 이양함.

③ 미국 등의 글로벌 금융 위기 재발.

선제 기습 공격 가능성에 대비한 방어 태세에 더 많은 자원과 노력이 할당되는 정책 접근 유리해 보인다. 대규모 육군전이 없거나 미미하면서 동시다발 정밀 타격 공습과 해상 플랫폼에 의한 공군전이 단기간에 집중되며 승패의 기선을 제압할 것이라고 예상된다. 만약 최악의 경우에는 공군력이 약한 국가는 비대칭 전략을 생존 차원에서 구사할 가능성이 있으므로, 이에 대한 대비책도 배제해서는 안 된다. 또한 선제 기습 받은 주체는 상대방에게 '2박 3일' 내지 '3박 4일' 내에 치명타를 줄 수 있는 보복 대응 능력을 평상시 점검하고, 예상치 못한 사건이 발생해도 대처할 수 있도록 B플랜이 필요한 시기로 판단된다.

결국 비상시 계획emergency plan들이 각 방면에 다양하게 마련되어야 한다. 비상시 계획은 어떻게 준비되어야 하는가? 다음의 3단계가 필수적이다.

첫째, 위험들이 파악되어야 한다Know The Risks.

둘째, 이 위험들이 발생할 경우 계획을 만든다Make a Plan.

셋째, 계획에 필요한 도구 및 장비들을 준비한다Get a Kit.

앞의 3단계를 응용하여, 다음의 사례를 살펴보자.

화재 등 비상상황 시 탈출계획

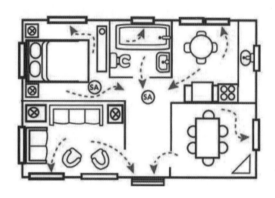

출처: 미국 소방청

5층 빌딩에 위와 같은 도면의 사무실에 근무한다고 가정할 때, 먼저 생각 가능한 위험이 화재 위험이 있다. 화재가 발생할 경우 화살표처럼 피난하는 계획을 세우고, 이 때 필요한 소화기 및 마스크 키트 등을 계단 옆과 회의실 안쪽에 위 그림처럼 두 군데 준비한다. 2030년 한국의 지정학적 리스크는 과거와 다르게 전후방의 구분이 모호하고, 후방도 자기 방어 능력 개발이 필요할 수 있다. 이러한 비상 계획은 군사전문가들의 의견들이 무엇보다 중요하다. 적어도 공군과 해군의 상대적 중요성이 과거보다 더 높아질 가능성이 엿보인다.

　이를 위해서는 군사적으로 독도와 같은 특정 지역이 기습공격을 불시에 받는 시나리오를 생각하고 대비책을 마련하여야 한다. 만약 기습공격이 나타나는 시나리오가 현실화되더라도 이를 방어하는 데 성공한다면, 한국은 세계 양대 패권국가 간의 캐스팅 보트$^{casting\ vote}$ 역할이 있는 나라라고 국제적으로 공인받으며 국가적으로 비약할 수 있는 길을 마련할 수 있다고 판단된다.

· 미래 에너지 자원의
· 판단 기준

40여 년 전 내가 어렸을 때, 지구의 석유 자원은 30년이면 고갈된다고 해서 당시 걱정이 많았다. 30년하고 10년이란 시간이 더 흐른 시점인 지금, 석유 자원의 고갈은커녕 그 잠재 매장량 수치가 그때보다 오히려 늘었다고 한다. 이는 에너지원에 대한 정책은 단순히 상업적 주기만을 생각하기보다 그 자원의 재활용성과 다른 측면들에 대한 고민도 해야 함을 시사해준다.

자원 재활용의 종착지는 인간 및 가축 분뇨의 재활용 여부로 예상된다. 물론 가축 분뇨의 해상 투기가 금지된 이후 거름용 자원으로 일부 접근하게 되었지만, 한층 더 나아가 인간 및 애완용 동물의 분뇨를 이용한 대체 에너지 활용 기술과 아파트와 같은 대규모 공동주택이 아니라 단독주택 등에서도 활용할 수 있는 소규모 활용도 가능한 방향으로 갈 수 밖에 없다.

인분, 가축 분뇨 등의 유기오염물질로부터 미생물 연료전지를 만드는 기술 개발 시도가 있었다. 미래 상용화 기술의 개발이 완료되는 시점에는, 미래 주거 환경에도 상당한 변화가 일어날 것이다. 단독 주택의 경우 대형 정화조 매립 대신 소규모 미생물 연료전지 생성과 보일러시스템이 이를 아예 대체하거나, 적어도 정화조 규모를 상당히 소형화시킬 것이라고 본다. 음식물류 폐기물과 애완견 동물 분뇨 등의 병합 처리가 가능할 전망이다.

미래 에너지의 개발 방향은 '지구상에서의 자원 접근성'이라는 기존 차원에서 '우주로 가는 여정에서의 응용 가능성'으로 방향 전환할 가능성이 있다. 군사적인 측면에서도 세계 최강국이 바뀌는 시점에 갈등 위기가 증폭될 수 있는 구조이기 때문에 지구가 더 이상 모든 것의 종착역은 아닐 수 있다는 시나리오 검토가 필요한 시기이다. 결국 어느 시점에서는 지구를 벗어날 수 있는 능력이 있느냐 여부가 최후의 승자 판단 기준이 될 것이다. 그렇다면 지구를 벗어나는 우주비행 여객선과 우주비행 화물선을 어떠한 에너지 자원을 활용하여 그 기술력 개발을 주도해야 되냐의 이슈로 압축된다. 기존의 화력 및 수력발전 기술은 이 문제에 전혀 답을 주지 못한다.

원자력은 이런 측면에서 매우 유력한 답인 관계로, 원자력 기술의 상용화 등에 개발 능력이 있는 국가 및 집단이 절대적으로 유리한 게임이다. 만약 원자력 외의 다른 우주선 동력원을 찾는다면, 태양에너지를 이용한 전기배터리 기술도 생각할 수 있다. 그러나 미래 시점에 인류가 태양계를 벗어나게 될 경우 태양에너지 활용한 우주선의 능력도 제한된다. 결국 원자력은 단순히 무기의 문제로 접근했을 때와 달리, 미래 우주비행선의 유일한 동력원이라는 점에서 접근했을 때 그 기술 개발 및 축적이 시급한 이슈이다.

세계 강대국들 중에서 이러한 이슈에 풍부한 기술력은 가졌고, 또 가질 수 있는 국가는 나중에 시간이 지나 또 한 번의 격변기가 도래하는 시점에, 극적인 터닝 포인트를 마련할 공산이 커 보인다. 에너지의 유한성만 따져서는 정답이 나올 수 없으며, 사용 에너지의 대기 오염 전염 효과도 동시에 고려해야 한다. 그리고 전략적인 측면에서 미래 에너지의 최종적인 답은 우주항공에 대한 적용 가능성에 의해 그 승자가 결정되는 시기에 점차 진입 예상된다. 우주 항공의 동력원으로 적용 가능한 에너지원은 무엇인가?

태양에너지 및 에너지 축적 배터리 기술 등이 복합 작용하겠지만, 원자력이 미래 장거리 여정을 위해서는 어쩔 수 없는 대안으로 한참 동안 다시 자리 잡을 전망이다. 현 시점에서 인류가 생존 가능한 환경이 높은 곳은 Kepler-62f 행성이다. 2030년에는 아니더라도 미래에는 이러한 행성의 추가적인 발견과 탐색이 있을 것이고, 비상 시에 이러한 곳에 가기 위한 끊임없는 노력의 일환으로 그 동력원 즉, 에너지원을 찾고 있다.

2032년이 되었을 때 한국을 둘러싼 모든 당사자들은 준비가 되어 있는데, 한국만 준비가 안 되어 있다면 우리의 이웃들이 우리를 어떻게 대접할까? 대체 에너지의 판단 기준은 일상적인 시기와 혼돈의 시기에 따라 각각 다를 수 있다. 일상적인 시기에는 에너지의 안정성과 자연 친화성이 중요한 잣대이다. 반면 혼돈의 시기에는 에너지의 응용 가능성이 가장 큰 판단 기준이 될 전망이다.

·현실 적응 능력을
·증진시켜라

2020년대 중반부터 2030년대를 책임질 세대들에게는 '현실에서의 적응 능력'이 어느 때보다 요구된다. 따라서 문제 해결 능력을 현장에서 찾는 연습 과정이 사회 전체의 교육적 차원에서 이루어질 필요가 있다. 그동안의 입시 위주 교육의 커다란 관성과 새로운 과정의 개발 능력의 한계로 인해 정규 교육 과정에서 이런 기대를 하기에는 힘들 듯싶다.

결국 부모들이 알아서, 새로 급변하는 사회 및 경제 환경에 자식들이 그 지혜를 터득할 수 있게 간접적으로 유인하는 것이 가장 현실성이 높다. 먹고사는 문제를 해결하는 데 부모들이 주력해도 나아지지 않는 사회 구조 속에서 부모들이 자식들을 올바른 방향으로 유도하기 위해서는 어떻게 해야 할까? 가장 실효성 높은 접근은 '디지털 중독을 깨는 교육'으로의 유인이다. '학교 정규 공부는 잘 못해도 괜찮다. 디지털 중독에만 빠지지 말다오!'라고 자녀에게 말해야 될 정도로 디지털 중독이 심각해지고 있다.

2018년 중국의 교육부 등 8개 부처는 '아동 및 청소년의 근시 예방과 통제 실행 계획'을 공동 발표했다. 게임 출시 제한뿐만 아니라 출시된 게임을 즐기는 시간도 제한되었다. 12세 이하 이용자는 비교육 목적 모바일 게임을 2시간 이상 즐길 수 없다. 오후 9시 이후에는 게임 접속이 불가능해진다. 18세 이하 청소년은 하루 최대 2시간만 이용할 수 있고 저녁 9시부터 아침 8시까지는 접속도 불가능하다. 특히 12세 이하 청소년일 경우 하루에 단 1시간만 게임을 할 수 있다.

한국은 자율규제만 이야기하고 이러한 제한은 전혀 없다. 중국 정부가 강력한 게임 제한을 가한 원인은 중국 부모들이 자녀들의 게임 중독 문제로 인해 원망이 상당했다는 데에서만 찾을 수 없고, 다른 이유도 있다고 추정된다. 그러나 중요한 것은 이런 이유들이 아니라 중국은 이러한 규제를 할 수 있고, 시간이 흐르면 교육 측면에서 긍정적인 효과가 예상된다는 점이다. 이러한 제한은 그만큼 중국의 미래 세대들이 게임의 폭력성에 덜 노출되고 도덕적 해이도 간접적으로 예방할 수 있음을 의미한다. 무엇보다 중요한 점은 21세기 중반으로 갈수록 '현실 세계에서의 해결 능력과 사고 능력'이 중요한 국가 자산이 될 수 있는 시기인데, 이 측면에서 중국은 의도치 않은 수확이 있을 듯하다. 현실 세계에서 이루어지는 사회생활은 '공격성의 적절한 제어'를 바탕으로 '타인과의 협업' 능력이 중요한데, 많은 임상실험을 통해 '게임 중독이 방치될 경우 공격성의 조절이 약해져 사회적 격리성이 높아질 위험이 있음'이 증명되고 있다.

실제로 청소년 게임 이용 시간뿐만 아니라, 텐센트는 2019년부터 게임 실명제를 모든 게임에 확대, 적용하고 있다. 이에 따라 최근 유행하는 모바일 게임 등에도 실명 인증이 필요하다. 이와 더불어 얼굴 인식 인증 시스템도 도입되어, 다른 변칙적인 방법으로 게임 중독에 빠질 위험을 줄이는 관리가 유지되고 있다. 한국에서는 청소년 등의 자율성을 최대한 침해하지 않으면서, 디지털 중독을 막을 수 있는 시대적 정책 실행이 매우 세련되게 추진되어야 할 상황이다. 우리는 일종의 현실 생활 게임을 하고 있다고 비유된다. 그 현실 게임은 매우 치열하고 이중적이며 복잡하다.

중국의 독특한 정치시스템이 예상치 않게 미래 세대의 교육이라는 측면에서 적어도 인터넷 게임 중독을 막는 효과가 미래에 나타날 수 있으며, 한국은 이런 일사불란한 접근이 어려운 관계로 미래 세대들은 더 인터넷 게임 중독에 빠질 수 있다. 결국 '현실에서의 적응 능력'은 중국

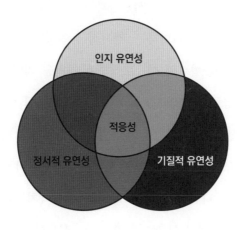

이 한국보다 한 수 위가 될 수 있다는 것이다.

일자리를 잡지 못한 청년에게 현금이나 바우처를 지원하는 청년수당 정책 등과 같은 임시방편 정책이 아니라, 시장을 이루고 있는 수많은 참가자들 사이에 어떻게든 편입하여 생존책을 모색하는 '현실 적응능력'은 2030년의 환경 변화에 대응하여 적응하는 생존 기술이다. 대응의 차원을 넘어선 게 적응이다. 조직 전체에서 볼 때, 유연하지 못한 지도자는 구성원들의 적응을 제한시킨다. 위의 그림은 조지메이슨대학교의 스티븐 자카로Stephen Zacarro 교수가 만든 이론으로, 3가지 유연성이 합쳐진 공통분모의 영역에서 적응성이 생겨난다는 것을 의미한다.

다른 생각으로 전략과 구조를 사용할 수 있는 능력을 의미하는 '인지적 유연성' 영역이 있고, 다른 사람들과의 감정 교류에 있어 접근 방법을 다양화하는 능력을 의미하는 '정서적 유연성'이 있다. 그리고 낙관적이면서도 동시에 현실적으로 모색하는 능력을 의미하는 '기질적 유연성'이 있다. 결국 생각 및 감정의 유연성과 더불어 현실성이 만날 때 '적응성'이 완성된다. 2032년에 가까워질수록 세계의 패권국이 바뀌어가는 세계적 과도기라는 인식과 더불어, 서양식 가치관이 만병통치약이 아니고 직선보다는 순환적 사고의 동양식 가치관과 감정을 더 비중 있게 생각하고, 현실성을 더하면 '2032 적응성'이 완성되리라 전망된다.

적응성을 높이는 노력이 개인 및 국가 모두에게 절실하게 필요한 시기이다. 적자생존은 진화의 법칙이었다는 점에서 받아들여야 되는 원리이다. 개인 및 국가 입장에서 이를 위해 중독성에 빠지지 않는 게 중요하며, 이를 위한 처방책이 과거 기준으로 강제성이 과정에 있다 하더라도 생존 확률을 높이기 위해서는 반대하는 것만이 능사는 아니라고 생각된다.

무자비한 기업의 역출현

우리는 가끔 '사관학교'란 말을 다른 곳에 적용하여 붙여서 부르곤 한다. 육군사관학교의 경우, 통솔력 있는 육군 장교를 육성하기 위한 학교이다. 아무래도 군인은 전시에 절도 있게 상부의 명령에 복종하고 신속하게 하부에 명령을 하달해야 하므로, 그 목적을 위한 교육 과정도 다른 대학교에 비해 상대적으로 절도가 있다. 이러한 절도 있는 이미지가 필요한 곳에서는 '사관학교'라는 이름을 빌려 '입시 사관학교', '주식 사관학교', '창업 사관학교', '농부 사관학교' 등과 같이 사용하고 있다.

영국 레스터시에 위치한 드 몽포트 대학은 학생들의 '디지털 중독'을 고친다는 명목하에 모든 SNS를 차단하여 화제를 모았다. 카카오·위챗·페이스북 등의 SNS 중독이 점차 고착화되며, 대인 관계가 사이버 공간에서 대부분 이뤄지고 현실에서의 문제 해결 능력 저하 및 현실 도피 등이 나타났다. SNS에서는 자신을 과장되게 미화해서 포장할 수 있다. 실제로 5년 전에 이미 사업 부도로 궁핍한 처지에 있는 사람이 10년 전 사진들을 현재 사진처럼 버젓이 배경 사진 및 조회 가능한 사진 최근 목록들에 올려 아직도 이전의 부를 누리고 있는 것처럼 꾸미는 것과 같은 행태들을 볼 수 있다. '연락의 편리성' 차원을 넘어 '사이버 공간에서의 자기 미화' 또는 '현실 도피용 가상 세계'에서 판단 근거를 찾는 수준에까지 이르고 있다.

미래의 트렌드를 예상하는 학자들은 이러한 사이버화의 추세를 4차 산업의 허상과 낙관적인 측면에서 연결하려고만 할 뿐, 그 반작용에 대해서는 아예 외면하거나 못 본 체하는 경향이 있다. 2016년 세계경제포럼WEF에서 클라우스 슈밥Klaus Schwab이 '4차 산업혁명'을 거론한 이후, 많은 언론 및 미디어들이 이를 반복적으로 거론하며 실제보다 그 환상이 과다하게 포장된 듯하다.

인터넷 온라인으로 정보를 옮기는 과정에서, 과장된 정보가 취사선택될 가능성이 어떤 부분에서는 매우 높다. 예를 들면, 소셜 네트워크social network가 그렇다. 왜냐하면 오프라인의 개인 정보를 온라인으로 옮기는 주체는 사람, 즉 개인들이기 때문이다. 앞에서 사례로 든 이야기처럼, 지금은 경제적으로 궁핍한 생활을 하고 있는데 오래 전에 누렸던 사치스러운 생활의 사진을 올려서 마치 현재도 부유한 삶을 살고 있는 것처럼 꾸미는 것이 '소셜 네트워크'상에는 가능하다. 이외에도 다양한 형태로 정보를 조작할 수 있다.

4차 산업혁명의 논조로 주장하는 사물인터넷Internet of Thing은 불리한 정보들도 유리한 정보와 같은 자격으로 동등하게 데이터 등록 및 관리가 보장되지 않을 경우 '비현실성의 세계'에 다가올 위험이 커지게 된다. 결국 온라인에서의 데이터 축적에 의존하면 의존할수록, 빅 데이터 Big Data가 만들어 내는 세상과 예측 방향은 오프라인 세상과 변화 방향 간의 괴리가 증폭될 수도 있다. 미래에는 중요한 데이터일수록 그 정보의 소유권 내지 통제권을 먼저 확보한 이후 그 활용도를 높이려는 '보이지 않는 힘과 노력'이 나타나며, 소유권이 보장받지 못하는 온라인 데이터로 누출되지 않도록 유도될 가능성이 오히려 더 높아 보인다.

온라인상의 데이터 및 정보들은 점점 희소가치가 없는 정보들이거나 범람된 정보들의 변형 성격이 높아, 4차 산업혁명이 꿈꾸는 방향과 반대로 온라인상의 정보는 점차 '활용 가치가 점점 작아지는, 쓰레기 정보' 성격이 강화될 수도 있다. SNS를 통해 쏟아지는 원고지 2매 이내의 짧은 글들은 '감정의 표현·인사말·이슈에 대한 공감 여부' 등의 표현 수단으로는 좋으나, 복잡해지는 문제에 대한 해결 방안이라는 면에서는 점점 약화될 공산이 크다.

2030년이 가까워 올수록 이러한 위험이 높아질 공산이 크며, 적어도 온라인상의 '범용화되고 미화된 정보들'에 의존하여 판단 근거를 찾지 않도록 SNS 차단 등의 노 머시no mercy, 무자비 정책을 내거는 학교 및 기업들도 생성될 것으로 예상된다. 인터넷에 범람하는 정보들과 다르거나 주장이 반대되는 오프라인 정보의 정확도가 더 높다면, 이 오프라인 정보를 기반으로 이익 창출을 추구하는 기업들이 앞으로는 증가할 수 있다. 그만큼 '역설의 반작용'이 가져다 줄 이익 자원이 늘어날 수 있기 때문이다. 제조업을 제외한 애플·마이크로소프트 등 미국의 유수한 기업들은 2030년으로 다가갈수록, 적어도 기업 이미지 홍보 측면에서 '탈국가' 전략을 구사할 가능성이 높다.

모든 사람이 합리적인 비용 지불 없이 접근할 수 있는 내용은 이미 '정보로서의 가치'가 희석되었다는 게 여기서 말하는 '역설'이다. 그래서 의사결정권자는 오히려 '정보의 바다'인 인터넷으로 접근할 수 없는 수단을 이용하여 '자신의 생존전략 데이터'를 축적할 가능성이 높다는 게 '역설의 반작용'인 셈이다.

글로벌 기업 입장에서 과거 미국의 대표적 기업이라는 위치가 성장 원동력이 되었으나 오히려 특정 국가 이미지를 벗어나 기업 본질에 초점을 호소해야 생존에 유리해 지는 변화가 '2030 역설'이다. 그래서 글로벌 기업 경영자는 다음과 같은 접근을 내부적으로 생존 전략으로 채택할 유인이 높아지는 데, 이를 글로벌 기업 측면의 '역설 반작용'이라 할 수 있다.

같은 업종이 아니더라도 이러한 측면에서 생존 코드의 변화가 절실한 유수 기업들 간에는 수면 아래에서 '코드 연합'이 장기적으로 모색될 수 있다. 만약 기업 이미지 광고나 홍보 차원이 아니라, 실제 기업 운영 전략이 '탈 국가'로 내부에서 결정될 경우, 이들 '코드 연합' 유수 기업들은 '기업 사업 영위'와 '자체 방어' 목적이 합해져 내부적으로는 노 머시 기업군에 합류할 가능성 있다. 왜냐하면, 국가가 지켜주기 힘든 미래 시기에는 그들이 갖고 있는 상품 및 서비스 등의 독점력 및 영향력을 계속 지키는 게 최선의 방어이기 때문이다. 사실 노 머시 기업군의 출현은 중국의 해운업계에서 그 기원을 찾을 수 있다.

예전에는 컨테이너 해상운송 관련하여 뱃삯보다 더 많은 부대비용 청구를 하지 못했으나, 중국 해운업계는 10여 년 전부터 이 관행을 가장 먼저 깼다. 지금은 서양 및 한국선사들도 중국처럼 뱃삯보다 많은 부대비용을 아무렇지 않게 청구한다. 결국 노 머시 기업의 출현은 중국이었으나, 이런 성공적인 시행을 목도한 서양 기업들이 다양한 업종에서 자신의 상품에 중독성과 배타성을 확보하는 동시에 결정적인 순간에는 조직적으로 많은 이윤을 확보할 수 있다는 말이다.

20세기 다국적 기업으로 불리던 그룹들은 2032년 전후하여 또 다른 변신이 예상된다. 20세기에는 국가적 차원에서 미국을 통한 측면 지원 효과를 노릴 수 있었으나, 2032년 전후에는 자신이 알아서 생존하는 전략으로 집중될 전망이다. 이를 위해서는 공공성에 대한 자원 투자는 줄이고 자신의 용역 및 재화의 상업주기를 늘리는 데 더 많은 자원을 할당해야 한다고 예상된다. 결과적으로 같은 업종 내에서의 기업 간 전략적 제휴 노력은 상대적으로 줄어들고, 업종 내 경쟁기업의 약점에 대한 공격적 마케팅 경향이 증가할 것이라고 예상된다.

이와 같은 '기업의 무자비성'은 2050년 이후에는 더 폐쇄적인 환경에서 그 뿌리를 넓힐 것으로 여겨진다. 마이크로소프트의 윈도우 업그레이드 추세를 보면, 기존 제품의 품질 향상에만 초점이 맞추어진 게 아니라 자사 불법 소프트웨어의 원천적인 사용 불능 환경을 사용자 컴퓨터에 암묵적으로 만들어 놓는다. 여기서 그치지 않고 마이크로소프트 엣지Microsoft Edge와 같은 웹서핑 툴을 강제로 사용자 컴퓨터에 설치하고, 이를 제어판 프로그램 관리에서는 삭제할 수도 없게 만들고 있다.

비 IT분야에서도 이미 유수 기업들은 폐쇄성 관리를 하고 있다. 샤넬CHANEL과 같은 판매력이 시장에서 확보된 명품회사들은 주식회사 형태를 싫어하며 폐쇄성 유지에 적합한 유한회사 형태를 고집하고 있다. 명품이 아니더라도 석유 판매와 같이 사실상 확실성 현금흐름이 예상되는 기업 GS칼텍스 등은 비상장 형태를 고집하며 삼성역 알짜배기 자리에 인터컨티넨탈호텔 등의 우량자산을 은근히 보유하고 있다.

자사 상품의 중독성과 배타적 사용을 높이며 기업정보 접근 폐쇄성을 높이며 탈국가 홍보이미지를 구축하는 '글로벌 기업의 무자비성'을 한국 대표기업군들도 은연중에 구사하고 있다. 이러한 움직임이 2030년의 글로벌 생존 확률을 높일 것으로 분석된다.

· 세계 경제를 뒤흔드는
· 변수에 주의하라

    국가들 간에 갈등이 높아질 '2030 글로벌 환경'에서는 정치적 안정 여부가 어느 때보다 중요한데, 이 말은 결코 '장기 집권이 안정적이다'는 말이 아니다. 정권의 '평화로운 진입'과 '평화로운 퇴장'이 원칙에 의하여 자유로이 보장받는 시스템의 안착 여부가 '정치적 안정 여부'와 직결된다. 이런 점을 볼 때 한국은 상대적으로 2030년경에는 유리한 측면이 있다. 왜냐하면 이 시기의 한국은 지정학적으로 자리 잡은 동북아시아 영역 내에서 정권의 평화로운 진입과 퇴장의 실전 경험이 상대적으로 많은 국가로 분류될 수 있기 때문이다.

    이 시기 세계 경제 대국으로 자리 잡을 것이라고 예상되는 중국의 국내 안정 여부는 매우 중요한 변수이다. 중국의 내수 시장 확대 정책의 성공 여부가 간접적으로 영향을 줄 것이다. 중국을 분석함에 있어 일반적으로 과장되게 평가받는 측면과 과소평가 받는 측면들이 각각 있는데, 전자는 중국의 군사력을 평가에 대한 것이고, 후자는 중국 이외의 아시아 각국에 흩어져 있는 화교권의 중국 간접 지원 가능성이다.

북한의 정치 안정 여부도 이 시기의 동아시아에 있어 중요한 변수이다. 북한이 아시아 내에서 중국 베트남 등의 기존 제조업 이전 후보지처럼 그 차선 대안이 될 수 있을지, 아시아 제조업 산업에 일부라도 편입될 것인지의 여부가 중요한 체크 포인트이다. 일본의 우익화 진행 여부도 매우 중요한 동아시아 정치 변수이다. 일본 군수산업의 수출시장 진입 여부가 체크 포인트이다. 서아시아에 있어서는, 핵보유국인 인도와 파키스탄의 분쟁 문제가 지속될 경우 그 갈등의 강도가 관건이다.

아시아 전체를 놓고 볼 때, 2030년경에는 일종의 '중립 지역' 성격의 국가들이 생길 것이라고 예상된다. 그 유력한 후보로 인도네시아와 베트남이 있다. 인도네시아는 자본주의 성향을 우선하지만 회교국가이고 경제권이 화교권에 의해 계속 움직이는 내부 상황 때문에 누구에게도 줄을 서지 않는 '중립 지역'이 될 수 있는 가능성이 높아 보인다. 베트남의 체제는 중국과 동일하나, 중국과 국경을 마주하고 있는 지정학적 위치와 세계 제조업 신흥 기지의 성격이 강화되며 '중립 지역'으로 변화되리라고 예상된다.

한국은 과거처럼 우파냐 아니면 좌파냐 하는 패권주의 정당시스템이 건설적 의견 개진과 수용이 가능한 쪽으로 점차 바뀌리라고 예상된다. 바뀌지 못한 채 양당 시스템의 의존이 계속될 경우, 2030년경 한국은 아시아 패권 싸움에서 시범케이스로 걸릴 가능성 높다. 미국은 이 시기, 경제적인 측면에서의 경제 대통령 역할을 하는 연방준비위원회와 그 의장이 할 수 있는 정책의 선택 범위가 과거보다 현격하게 축소될 전망이다. 이러한 축소 트렌드를 옳게 인식하지 못하고 과거와 같은 월권 정책이 재현될 경우, 매우 어려운 상황이 급박하게 전개될 가능성이 있다.

러시아는 이 시기 마치 처음부터 아시아 국가인 듯 여기저기에 모습을 드러낼 가능성이 높다. 모스크바 인근 지역들에게는 엄격하게 금지된 카지노 등 도박산업에 대한 극동 지역의 특구적 접근 지속 및 강화가 예상되며, 어떻게든 아시아 제조 단지의 일부에 극동 지역이 편입되는 쪽으로 정책을 끌고 갈 것이라고 전망된다. 일본과의 영토 분쟁 이슈에 보다 적극적인 개입이 예상되며, 이로 인한 다른 아시아권의 긴장도 상승에 공조할 듯하다.

정치 잘하는 나라가 이기는 시기이다. 그렇다면 어떻게 하는 것이 잘하는 것일까? 의외로 매우 간단하다. 국내적으로는 작은 정부를 지향하고, 국외적으로는 눈치를 잘 살피는 것이 지혜로운 대처이다.

2032년 신종 시장의 4가지 핵심 콘셉트

2032년이 가까워질수록 세계 격변기의 흐름이 강해질 것으로 보인다. 격변기에 예상되는 핵심 콘셉트에는 아래와 같은 것들이 있다.

· 모던modern과 클래식classic의 혼합

모던 클래식은 2032년의 핵심 키워드이다. 모던 클래식을 미국에서는 '전통적인 감각이 있으면서도 젊고 매끄러운 피부smooth skinned, young, yet with a sense of longevity'에 비유하기도 한다. 디자인 측면을 떠나 쉽게 말하면, '꽃다운 젊은 나이인데 전통 교육을 받은 듯한 여성'으로 표현되겠다.

나는 '현재에 과거가 공존한다'는 말로 모던 클래식을 정의하고 싶다. 글로벌 측면에서 모던은 '2차 세계대전 이후의 시간'으로 접근하는 경향이 있다. 그렇다면 클래식은 상대적으로 세계대전 이전을 의미한다고 해석된다. 이를 한국에 적용하면 모던은 한국전쟁 이후의 시간으로 해석할 수 있고, 클래식은 한국전쟁과 일제강점기 이전이라고 볼 수 있다.

위에서 말하는 모던 클래식은 '미국의 세계 경제 패권이 적어도 흔들리는 시기에 떠오르기 시작한 트렌드'라고 사회과학적으로 정의하고자 한다. 당초 '모던 클래식'은 세계 인테리어업계에서 단순하고 간결한 모던과 우아하고 고급스러운 클래식의 두 장점들을 섞어서 추구하는 영역에서 많이 사용되었는데, 장기적인 전망이 사회적으로 아직 빈약한 상태인지라 용어의 재정의가 필요하다고 보기 때문이다. 그렇다면 미국의 문화 표준과 중국의 문화 표준이 만나는 영역이 모던 클래식인 셈이다.

모던 클래식에 대해서는 많은 사례 연구들이 필요하다고 생각된다. 왜냐하면 한국 등 동양인이 생각하는 모던 클래식과 미국 등 서양인이 생각하는 모던 클래식 간의 괴리가 너무 상당할 가능성이 엿보이기 때문이다. 그 일례로 2017년 4월부터 2019년 상반기까지 미국에서 인기리에 방영된 TV드라마 〈핸드메이즈 테일The Handmaid's Tale〉이 미국에서는 모던 클래식의 대표로 꼽히는 실정이라는 점이 놀랍다. 1985년에 발간된 마거릿 애트우드의 소설《시녀 이야기》를 원작으로 하는 이 드라마는 프라임타임 에미상 최우수 드라마 시리즈로 제작 장소가 캐나다의 토론토와 본, 뉴질랜드의 해밀턴, 영국의 케임브리지로, 3개국에 걸쳐 있다. 이 드라마는 서양에서 모던 클래식을 어떤 식으로 생각하고 있는지를 잘 나타내고 있다.

동양에서는 서구문화와 동양문화가 만나는 곳을 모던 클래식이라고 받아들이는 반면, 미국 및 유럽에서는 아직도 서구문화 제일주의에 철저하게 집착하며 서구 현대문화와 서구 산업혁명 직전의 문화가 만나는 곳을 모던 클래식이라고 보는 격이다. 이는 미국 등 서양인이 생각하는 모던 클래식이 우리 한국 등 동양인이 생각하는 모던 클래식과 얼마나 다르며, 사회적 합의가 이루어질 수 있는지를 보여주는 사례들 중 일례이다.

· 일상성의 공간 강조 및 개인 작업 단위화의 확산

영국 잉글랜드에서 기원한 격식을 갖춘 옷차림의 상징인 서양식 양복에서 일상성을 추구하는 양식의 추세 변화가 예상된다. 양복의 기원이 된 연미복은 밤에 입는 남성 예복으로 파티문화에서 생겨난 결과물이라고 할 수 있다. 그리고 그들이 자주 파티를 열 수 있었던 배경에는 식민지 재원을 자국 본토로 가져오고 천민·흑인 노예에게 일상의 힘든 일들을 맡길 수 있었기 때문이다.

한국의 경우 대한제국 1900년에 칙령으로 조정 대신들의 관복을 프로이센식 관복으로 바꾸었다. 이후 격식을 갖추어야 할 자리인 결혼식·종교의식·정치인의 회기 출석·국무회의 등에서는 양복을 착용하지 않으면 배은망덕의 아이콘이 되기 쉬울 정도로 정착되었다. 한편, 중국 화폐에 등장하는 마오쩌둥은 양복이 아니라 신해혁명이 일어난 뒤 쑨원이 입던 옷과 똑같은 옷, 소위 '중산복'을 입고 있다. 중국 당국은 1980년대에 자국의 섬유공업 발전을 위하여 마오쩌둥 '중산복' 복장을 벗고 새로운 유행에 추정하는 옷들을 입을 것을 권유하기도 했다.

이후 복장은 많이 서양화되었으나, 중국 본토 및 대만 그리고 아시아 화교권의 상권을 잡고 있는 경제 지도층들은 의외로 넥타이를 잘 하지 않는 습성이 있다. 와이셔츠의 위 단추를 풀고 다니거나, 아예 와이셔츠 대신 질 좋은 티셔츠를 입는 경향이 강하다.

한국도 2032년으로 다가갈수록 이러한 일상성의 강조는 의복뿐만 아니라, 근무하는 공간에까지 더해질 전망이다. 특히 한국은 인건비 부담이 경영자 입장에서 큰 고민거리가 되고 있어, 출근한 근로자들이 격식보다는 실질적으로 일을 더 능률적으로 하여 노동생산성을 높이는 근무 환경 조성에 초점을 맞출 수밖에 없다. 그리고 창업자들과 창업을 준비하는 사람들은 사실상 종업원 고용을 최소화하며 생존을 모색하는 개인 작업 단위화의 압박이 매우 크다. 따라서 부하 직원에 대한 격식을 상징하는 형식성보다 일상성은 의복 외에 다양한 분야에 확산될 수 있다.

· 탈 시각화 및 청각 집중화

청각에 집중해서 한국에 접근하면, 매우 색다른 모습이 발견되어 깜짝 놀라게 된다. 한국 대중들이 좋아하는 대중음악 상위 50위권을 멜론 · 지니 등을 통해 1년 이상 계속 들어보면, 의외로 서정적이면서 바탕에는 잔잔한 슬픔을 암시하는 소위 '발라드 음악'이 매우 지속적으로 사랑받고 있다는 점이다. 잠깐이 아니라 오랜 시간 상위 차트에 지속적으로 올라와 있는 대중음악에는 '걸 그룹' 노래나 댄스 · EDM · 뉴에이지 · 락 장르의 비중이 적고, 이별 · 추억 · 회상 · 그리움 · 연인 · 짝사랑 · 고백 등의 슬픔을 잔잔하게 전하는 서정 노래들이 대부분이다.

TV예능 등 시각적 측면에서의 노출 빈도가 많은 가수들의 노래들은 의외로 잠깐 차트에 올라왔다가 금방 사라지는 경우가 많다. 시각의 또다른 장르로 접근할 수 있는 TV드라마의 배경음악들 중에서 히트 하는 음악은 십중팔구 서정적인 잔잔한 발라드 노래들이다.

한국이 시각 세계와는 달리 청각 세계에서는 매우 다른 잣대를 가지고 있다는 걸 보여주는 대목이다. 2032년에는 탈 시각화와 더불어 이러한 청각 세계에 더욱 집중될 것이라 전망된다. 왜냐하면 시각 세계에서는 가짜를 진짜처럼 보일 수 있지만, 청각 세계에서는 가짜를 진짜처럼 보이더라도 그 약발이 매우 단기에 그칠 가능성이 높기 때문이다. 그만큼 생존을 위한 노력이 더 진지하고 필사적이어야 생존 가능성이 상대적으로 높아지는 원리 때문이다.

· 테마별 공간

'스토리텔링storytelling' 차원에서 '주제별 공간'으로의 현실화가 전망된다. '스토리story와 텔링telling'의 합성어인 스토리텔링은 알리고자 하는 바를 단어 · 이미지들 · 소리 등의 복합 형식으로 재미있고, 생생한 이야기로 설득력 있게 전달하는 것이다. '사실'을 설명하는 팩트텔링fact telling에 이야기 구성이 더해졌다.

2032년으로 갈수록 전국의 상가들은 장사가 잘 되는 곳은 잘 되겠지만, 잘 안되는 곳도 유통 구조의 변화로 인해 늘어날 수 있다. 이런 경우에는 '테마별 공간'으로의 변신이 현실적인 대안으로 전망된다. 예를 들어, 공실률 높았던 인근 상가 건물 두세 동이 '인도네시아 테마파크'로 변신할 수 있다. 인도네시아의 독특하고 고약한 냄새가 나지만 아주 맛있는 두리안 주스를 파는 가게와 인도네시아 등나무 가구 가게가 있고, 거의 앞뒤로 눈치 볼 필요 없이 골프를 칠 수 있는 골프장 등의 여행 상품을 파는 투어 가게도 있고, 가장 비싼 커피로 유명한 인도네시아 사향고양이의 똥에서 추출한 루왁 커피전문점 생길 수 있다.

　이러한 테마는 국가별·지역별로 다양할 수 있고, 테마의 기준이 지역 외에 상품이 될 수도 있다. 예를 들면 건물 두세 동이 '신발 테마 쇼핑거리'가 될 수 있다. 짚신·일본의 나막신부터 세계 각국의 토속 신발 가게가 있고, 스니커즈·캔버스화의 다양한 버전들만 있는 가게나 맞춤 신발점 그리고 비 올 때 신는 장화전문점 등이 모여서 주제 공간을 형성할 수 있다.

지식 전달 경로의 재편

'교육시장의 비표준화'가 2030년 미래 틈새 트렌드로 자리 잡을 전망이다. 획일화된 의무교육 방식의 접근이 사회적으로 취업에 도움이 되는 시기는 이미 과거에 지났고, 그럼에도 이를 강행하면서 생기는 사회적 비효용의 원가들은 증가하게 된다. 사회복지기금의 재원도 과거 같지 않아 이전처럼 제몫을 챙겨 갈 수 없는 사회 구도에서 획일화된 교육을 추가적으로 지원할 사회적 자원이 점차 한계에 봉착될 수 있다.

이 시기 미국으로의 유학 공부 및 학위 취득이 글로벌 측면에서 더 이상 출세 수단으로 보장되지 않을 것이라고 전망된다. 물론 대안이 없는 상황이라, 미국이 군사적 패권국을 유지하는 동안에는 미국이 세계 최고 유학시장으로의 역할을 병행할 수밖에 없다. 그러나 글로벌 측면에서 대안 모색이 다각도로 이루어질 수 있다.

첫째, 아시아식 견습생 제도에 의한 지식 전달이 활성화되리라 본다.

일종의 도제 교육인데, 전문가들이 소수의 견습생을 대상으로 기술을 전수하는 등의 다각화된 형태가 나타날 것으로 보인다. 기업의 경우 일방적인 '주식회사' 제도를 선호하기보다는 '합명회사·유한회사' 등 산업 지식의 전수와 유출 방지에 유리한 시스템을 선호하게 바뀔 것이다. 이는 직전에 샤넬유한회사를 통해 논의한 바 있는데, 루이비통코리아는 2012년 주식회사에서 유한회사로 전환한 바 있고, 구찌코리아·프라다코리아 모두 유한회사 형태이다.

둘째, 미국 MBA에서 선호했던 사례 연구 방법론은 가져오되, 그 사례를 아시아의 현장에서 찾아서 연구하려는 노력이 매우 활성화되리라고 본다. 강의실에서 의자를 둥그렇게 배치하고 수없이 토의를 하더라도 실제 현장에서 일정 기간(보름이나 한 달) 동안 사례를 연구하는 것보다 좋은 결과를 낼 수 없기 때문이다. 이 시기 가장 이익이 되는 현장은 아시아이다.

셋째, 지식의 배타적 소유가 어느 때보다 돈으로 직결되는 시기인 관계로, 진짜 지식은 오프라인의 비공식 채널로 이전 및 전개가 되리라고 예상된다. 특히 이 지식들이 온라인 검색 엔진에 노출되지 않도록 채널 폐쇄성이 높아질 수 있다. 미국식 학위 취득 시스템에서는 학술지에 활발한 연구 논문 기재가 중요한 자원으로 존중받았으나, 더 이상 미국식 학위 취득이 만병통치약이 되지 않을 때에는 공개적인 학술지가 과거보다 선호되지 않을 수 있다.

한국의 청소년 교육 시스템과 관련해서는 기존 의무교육 관행의 틀을 깨지 않는 내에서 '대체학교' 도입이 예상된다. 먼저 유치원교육부터 정부지원시스템을 벗어난 유치원을 대상으로 한 사립재단의 다른 접근이 나타날 수 있다. 영어 조기교육의 중요성이 이 시기에 약화될 것이다. 아예 체력을 배양하고 여러 가지를 체험하는 시간을 늘리게 바뀔 수도 있다.

젊은이들의 자격증 및 공무원 준비 시험 준비 경향은 현격하게 낮아질 정치적 계기가 이 시기에 돌발적으로 나타나리라 전망한다. 오프라인에서 사기업과 관련하여 견습 및 실습 또는 근무 경력에 대한 가중치가 사회적으로 더 부여될 것이라고 예상한다. 이와 관련하여 가장 기본적인 물음을 해보자.

과연 '지식knowledge'의 실체는 무엇일까? 과학적 사실fact이 아니라, 지식에 대한 정의 물음이다. 통계학적 관점에서 과거 사례들을 통해 수치화하여 그 중간 값이나 평균을 '지식'이라고 말하기에는, 시간의 환경과 조건은 변할 뿐만 아니라 학습조직 성격의 사회도 변한다. 즉, 통치자의 편익을 위한 이데올로기 교육도 아니고, 병자호란이 몇 년도에 일어났는지 암기하는 것도 아니다. 방어적 군사시스템만 고집할 것인지 아니면 그 반대의 가능성도 그 안에 편입해서 심각하게 고려해야 되는지가 '지식'의 영역이다. 이를테면, 이스라엘과 중동의 갈등과 공존의 반복 속에 4번의 중동전쟁이 있었다는 사실보다는 그 4번 중에 이스라엘이 먼저 선제공격을 한 전쟁은 몇 번째이며 그 배경은 무엇이었는지가 지식에 더 가까울 수 있다는 말이다.

이러한 지식을 4차 산업혁명 운운하며 온라인에 그 지식 정보가 모인다고 주장하는 게 난센스일 수 있다는 점을 놓치지 말자. 미래의 '리뉴얼을 통한 지식 전달 경로의 재편'은 그렇게 지식에 대한 접근성을 개방하는 시스템이 아니라, 제한적인 폐쇄시스템이 실제 골격을 이룰 전망이다. 그리고 모든 사람에게 공개된 콘텐츠도 분석 및 접근 도구가 잘 조합되어 선택되어 진다면, 지식으로 활용될 수 있다.

이를 테면, 어떤 이면 도로에 차가 지나가는 동영상 콘텐츠가 온라인 상에서 누구나 볼 수 있게 공개되어 있다고 가정하자. 그 영상을 하나만 재생하면 누구나 관찰할 수 있다. 그런데 그 영상을 하나는 1배속으로 돌리고 두 번째는 0.5배속으로 돌리고 세 번째는 0.1배속으로 해서 3가지 방식으로 동시에 재생한다. 그러면 그 영상을 한 개만 돌릴 때 보이지 않던 것이 보이게 될 것이다.

예시한 다른 분석들도 다각도로 생각할 수 있고, 적어도 콘텐츠는 모두가 접근 가능하더라도, 분석 방법론과 접근에 대한 접근은 폐쇄적일 수 있다. 이상의 논의에서 본 경우의 수들만 봐도, 미래의 진짜 지식에 대한 활용은 막연한 4차 산업혁명 예찬론자가 생각하는 경우와 정반대로 오프라인으로 폐쇄적인 운영 및 전수될 가능성 높아 보인다.

비표준화에 따른 사례 연구가 이 시기 교육 경쟁력의 실질적 접근 트렌드로 예상된다. 표준화 영역은 컴퓨터 기반의 알고리즘이 잠식할 수 있고, 각 경쟁 참여자들의 수확량 편차가 크지 않다. 반면 비표준화 영역은 인간의 판단 능력에 의존성이 높은데다가 각 경쟁 참여자들의 수확량 편차가 크다. 따라서 그만큼 교육에 대한 투자수익률이 상대적으로 높다.

8장

혼돈의 격변기에서 기회를 잡아라

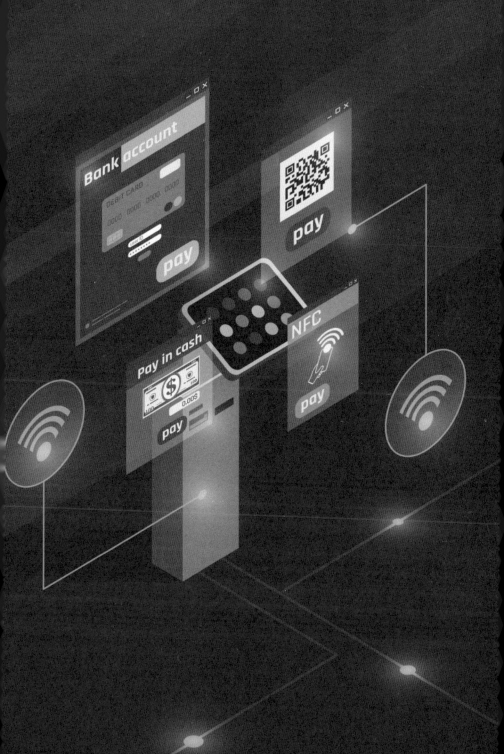

· 가치관 혼돈에
· 대비하라

2032년은 격변기이다. 지금까지 우리가 가져왔던 가치관이 혼란이 생기는 시기인 것이다. 서로 잘난 척하는 무의미하고 소모적인 경쟁은 점차 줄여가고, 지금 당장 나 자신이 겪지 않는 어려움이라고 해서 구경만 할 게 아니라 같이 아파하자. 다만 이 모든 게 '경제의 논리'에 의하여 이루어져야 시장의 자발적인 참여가 보장된다.

중요한 점은 그동안 우리가 먹어야 할 치즈를 남모르게 다른 곳으로 옮긴 거대한 주체들이 정부였거나 거대 은행이었거나 더 조직적인 주체들이었다고 하더라도 목소리를 내어 확실하게 내 의견을 주장해야 한다는 것이다. 나 혼자만의 힘으로 하려 하지 말고, 주변의 비슷한 사정을 가진 사람들과 힘을 합쳐야 한다. 이들이 상대해야 될 세력은 너무나 힘이 큰 기성 조직들이기 때문이다. 그냥 기다리는 게 아니라, 끝까지 기다려야 한다. 그냥 기다린다고 생각하면 그 끝이 언제인가 싶을 정도로 잘 안 보일 상황이다.

국내적으로는 공무원 조직·공공기관 조직·은행 조직을 상대로 최적의 국가 생존 전략을 세우기 위해 설득해야 하고, 국외적으로는 천문학적인 돈을 들여 국방 시스템을 구축하는 국가에 공존을 호소해야 된다. 양쪽 모두 힘이 어마어마해서 계란 한 판 모두를 다 사용해도 '바위에 계란 치기'일 공산이 크다. 이미 예전에 공무원 연금 개혁 건드렸다가 결과적으로 혼쭐난 전직 대통령도 있는 실정이다.

그렇다고 해서 모두가 가만히 있으면 최악의 경우 국가가 파산할 수도 있다. 미래의 국내 경제는 국가 재원 고갈과 한층 빈약해진 민간 자본으로 인해 살얼음처럼 쩍쩍 금이 갈 것이다. 여기에 대외적으로는 앞서 이야기했던 바처럼, 몇 세기에 한 번 있을까 말까 하는 엄청난 일이 진행되고 있다. 개인과 조직은 이를 배경으로 '가치관 혼돈' 국면에 진입하게 된다.

2차 세계대전 기간 동안 혹독한 시련을 겪은 유태 자본이 전쟁 이후 미국이라는 나라를 통하여 자기 보호 금융 시스템을 재건하였다. 그 대표적인 예가 세계 기축통화 달러 발권 기능 및 금리정책을 좌우하는 미국 중앙은행의 기능을 하는 미 연방준비위원회이다. 이곳의 주주 구성에 미국 국가는 지분을 전혀 갖고 있지 못하고 투자은행이 지분의 전권을 가지고 있다.

이러한 세계 금융 시스템 장악은 교육 · 문화 · 지식산업 · 미디어 등에까지 광범위하게 간접적으로 영향을 확장하며, 사실상 글로벌 세뇌화가 체계적으로 이루어지고 있다고 표현될 수 있을 정도이다. 하지만 얼굴 마담 역할을 한 미국의 절대 우위가 경제적인 측면에서부터 깨어지기 시작하는 2030년부터는 그동안 상식이라고 생각했던 사실들에 대해 근본적인 물음을 제기하게 될 것이며, 지식 재편이 일어날 것으로 판단된다. 그만큼 '사고의 혼란'이 나타나는 가치관 혼돈의 시기로 진입할 예정이다.

2032년 각 분야의 트렌드를 읽다

    장기 분석에 의한 종합적 툴을 사용하는 접근이 미래 경제전망의 정확도를 높이는 핵심이다. 결국 트렌드를 읽기 위해서는 분석 툴의 기간을 10년이나 20년 정도 잡아야, 변화의 과정이 보이기 시작하고 전망을 구체화할 수 있다. 여기서는 앞으로 우리나라가 군사 · 미디어 · 경제 등 각 분야의 장기 전망에 대해 알아본다.

·군사

    향후 국가적 차원에서 자기 방어 능력 차원에서 공격 능력 배양은 2032년에 중요한 과제이고, 전 · 후방이라는 기존 관념을 버리고 후방이 군사적 측면에서 전방이 될 수도 있다. '현재로써는 잘 상상이 되지 않는' 트렌드에 돌입할 수 있다. 주적은 하나의 특정 국가가 아닐 수 있고, 독도와 같은 후방이 전방이 될 수 있기 때문이다.

· 미디어 및 사회

국민의 대다수를 이루는 사회에 대하여 다양성을 보장하는 미디어 환경 조성이 매우 중요하다. 정치 코드가 서로 다른 미디어들의 자유로운 문제 제기를 가능케 하여, 격동하는 환경에 대한 일반 대중의 간접적인 깨달음 과정을 단축시키고, 시행착오를 줄일 수 있다.

· 경제 권력의 독립성

2032년의 한국은행의 독립성 확보는 국가 경제적 차원에서 중요한 체크 포인트이다. 세계은행 역할을 하는 미국 연준리가 자국 경제 문제를 해결하는 것도 역부족일 가능성 높아지므로, 글로벌 유동성 조절 페이스에 한국이 휩쓸리지 않고 경제적 측면에서 한국 경제 정책의 독립성 유지가 중요한 시기이다.

· 작은 정부 지향성

사적 시장 대비 공무원 비율이 장기적으로 하향 안정이라는 장기 트렌드를 만들어 내지 못할 경우, 미래 국가의 중요한 자원인 젊은이들의 현장 근무를 회피하는 경향은 줄어들지 않을 것이다. 공공성을 가지는 공무원의 성격을 훼손하지 않는 범위 내에서의 시장 원리 도입이 중요하다.

· 지식 산업 육성

2030년경은 세계 경제의 패권이 서양에서 동양으로 옮겨지는 시기이다. 따라서 서양 지식에 대한 맹목적 도입은 지양하고, 오히려 동양의 지식을 서양에 팔아야 한다. 도서도 서양에서 동양으로의 일방적인 흐름이 아니라, 동양 서적을 서양에 팔 수 있다. 그만큼 각종 콘텐츠 문화 및 지식 산업 육성의 최적기라고 볼 수 있다.

· 화교권 벤치 마크한 해외 동포 상권화

홍콩은 중국 반환 이후 매년 3만 명 이상이 해외로 이민을 가고 있다. 기존의 화교권이 동남아시아 등에서 이미 상권을 잡고 있는 상황이고, 유럽 등 서양권으로 이민을 가고 있는 홍콩출신 이민자들이 2030년경에는 서양에서도 상권을 상당 부분 차지하고 있을 것으로 보인다. 일본은 과거 이민자들의 3세 이하로 갈수록 남미 지역에 어느 정도의 기반을 확보할 양상이다. 한국도 베트남 등에서의 성실한 경제 기여도를 닦아, 2030년경에는 비공식적인 해외 교두보 확보가 절실하게 필요하다. 해외 교포들도 한국 유학생들을 대상으로 한 사업만을 펼치는 것이 아니라, 정착한 나라의 주류 사회로의 끊임없는 편입 및 진출하기 위한 노력이 중요하다.

· 군수사업으로 변경이 가능한 제조업 기반 확보

자동차 · 중장비 · 항공 · 조선 등 비상시 군수사업으로의 변경이 가능한 제조업의 기반 유지는 2030년경의 중요한 국가 경쟁력 창출원이다. 더불어 섬유와 통신장비도 간과되기 쉬운 업종이다. 또한 비메모리 반도체산업의 한국 공급 물량의 축소가 세계 경제에 위협 요소가 될 수 있도록 유지할 필요가 있다.

· 공평성을 보장하는 정책망 확보 중요

국민들이 납득할 수 있는 공평한 정책이 시행되면, 정부정책에 의해 시장이 인위적으로 바뀌는 위험이 줄어들게 된다. 특히 세금은 부동산 자산에만 과다하고 주식 자산은 사실상 비과세로 하는 불공평한 정책을 바로 잡아야 한다. 자산 간 비대칭 버블 양상이 제한될 바탕이 되기 때문이다. 공무원만 정년이 보장되고 사기업은 전혀 보장되는 불공평한 정책을 조정해 합리적인 결과를 만들면, 많은 인재들이 다시 사기업과 불확실성의 세계에 뛰어들 것이다.

분란을 멈추고, 뭉쳐야 산다

2020년에 비해 2032년은 전쟁 발생 가능성이 3배 이상이다. 이렇게 상황이 급변하게 된 이유는 2030년경에는 중국 GDP가 미국 GDP를 앞지르며 경제적 측면에서의 세계 패권국이 바뀌기 때문이다. 그런데 군사력으로는 여전히 미국이 앞지르는 상황이다. 시간이 많이 흐르면 군사력의 차이도 사라지겠지만, 그것은 최소 2040년 이후에나 가능할 것이다. 결국 지키려는 자와 빼앗으려는 자 사이의 다툼이 예전보다 잦아지게 된다. 우리나라는 이런 한치 앞도 알 수 없는 막막한 상황을 대비해야 하는 것이다. 미국부터 내 코가 석자인 상황이다. 중국도 국내외 해결해야 될 과제가 산적한 시기이다.

동물의 왕국으로 비유하면, 좀처럼 보기 힘들게 사자와 호랑이가 대결하며 으르렁 거린다. 미국 대평원의 황제인 사자와 아시아 산수지리의 황제인 호랑이가 어쩔 수 없이 그 경계선에서 숙명의 대결을 한다. 이런 판이기에 노루 입장에서는 치타·곰 또는 들개한테 공격을 당하면, 자기 몸은 스스로 지켜야 하는 시기이다. 사자와 호랑이의 숙명적 대결 국면이기에 그들에게서 근본적인 답을 찾기에는 무리가 있다. 전체 상황이 격변할 것이기 때문에 미리 대비하지 않으면 격류에 휩쓸려 잔해도 남기지 못할 것이다. 그렇다면 이 어려운 상황을 무사히 지나가려면, 한국은 어떻게 대처하여야 하나? 한국 정치인들이 파벌 싸움을 멈추고 힘을 합쳐 세계정세를 끊임없이 살펴야 한다. 사람들은 정치 변수를 이야기하면 여의도와 청와대에 대해서만 생각한다. 실제로 온갖 미디어가 그곳들의 이야기만을 이슈화한다. 그런데 정작 문제는 하부 조직에서부터 시작된다.

인류의 역사를 봐도 그렇다. 민주주의의 시작은 고대 아테네의 '자치'에서 기원한다. 2019년 서울 25개구의 예산을 보면 동작구청이 5,635억 원 등 상당수가 5,000억 원을 넘는 예산 규모이다. 일평균 구청 예산이 20억 원을 넘는 곳도 적지 않다. 그런데 통상 구청의 이권이 창출되는 건축인허가 업종의 먹이사슬에 위치했던 건축설계사가 구청장에 연임되고, 구청관급공사를 따는 건설업자의 배우자가 구의회의원인 상황이다. 이처럼 하부(=기본) 조직에서 고양이에게 생선을 맡긴 것과 다름없는 일이 벌어지고 있으나, 워낙 먹이사슬이 정교하게 움직이고 있어 이슈조차 되지 않고 있는 게 정부 조직의 현 주소이다.

정치 분란을 최소화하자는 것은 부조리를 보고도 '가만히 침묵을 지키자'는 뜻이 아니라 이렇게 하부 조직 곳곳에서 일어나는 부정을 방지하는 실질적인 정치를 해야 한다는 의미이다. 정치적 합의점을 어떻게 찾을 수 있을지는 정부 및 준정부 자본이 집행되는 구조에 대한 유권자들의 인식 확산 여부에 달려 있다.

· 신질서 속에
· 비어 있는 기회를 잡아라

2032년에는 중국이 경제적 측면에서는 미국을 앞설 수 있으나, 대중음악을 비롯한 대중문화까지 중국이 세계를 선도하기에는 분명 역부족이다. 그렇다고 서구문화가 계속적으로 글로벌 주류를 독점하기에는 '2032 신질서'의 상황이 과거와 판이하다. 그런 가운데 한국에는 대중문화 시장에서 큰 역할을 할 수 있는 잠재력이 있다.

2032 신질서의 틈새시장이 바로 대중문화이며, 이 부분에서 한국이 인식의 전환과 한국의 대중문화를 세계화하기 위한 노력이 같이 뒷받침해주면 경제 창출의 근본이 될 수 있다. 지금 미국 대중음악에서 주류가 되고 있는 흑인 아티스트들의 상황을 롤 모델로 삼으면, 2032에는 한국이 대중문화의 글로벌 리더가 되는 것도 가능하다고 본다. 중국이

그 역할까지 하기에는 '다양성에 대한 경험'이라는 자원이 제한되어 있기 때문이다.

작금의 힙합을 보면 저항 · 솔직한 표현 · 부담 없는 읊조림 · 운율의 미학 · 적절한 퓨전 멜로디 등이 주류로 부상하는 데 큰 도움이 되었다. 2032년의 한국도 이와 마찬가지로 솔직함과 미학으로 '전 세계, 특히 과거 기존 서구 문명권의 혼돈'의 틈새에 파고들 수 있는 적기인 셈이다. 이러한 유연한 마인드는 미술품 등 예술품 거래, 황금알을 낳는 세계 카지노 운영 시장, 그리고 명실상부한 아시아와 기존 서구 문명 간의 금융시스템 중재 및 허브 역할 등 그 응용성은 의외로 높다.

앞으로의 기회를 잘 살리기 위해서는 민간 시장자본의 증대와 디레버리징을 위한 금융정책의 독립성 보장, 그리고 군사적 방어 능력의 배양, 이 3가지를 앞으로 잘 가꿔야 한다. 이 3가지만 잘 해도 한국은 2032년이 오기까지의 위험을 이겨내고 커다란 경제 성장을 이룩할수 있을 것이다. 2020년부터 2032년의 시기를 한 마디로 요약하면 '구조조정restructuring'으로 압축된다. 이를 다시 이분하여 전반기를 '평상시 구조조정', 후반기를 '전시 구조조정'으로 표현할 수 있다. 많은 사람의 이해관계가 얽혀 있는 만큼 리더의 역할이 중요하며, 선명한 미래비전도 필요하다. 단기 처방이 아니라 중장기 처방만이 한국의 유일한 돌파구라고 본다.

2032 한국의 장기 경제전망을 마치며, 거꾸로 한국의 과거를 이야기하고 싶다. 개개인이 지난 과거를 회상하면 좋은 기억도 있지만 나쁜 기억도 있을 것이다. 하지만 그 나쁜 기억도 엄연히 개개인의 현재를 있게 한 순간들이었음을 부정할 수 없다. 한국의 지난 과거도 마찬가지다. 그 나쁜 기억 속의 한국도 지금의 대한민국을 있게 한 순간들이었음을 부정할 수 없다. 특히 미래 장기 한국경제를 전망할 때 당시나 지금의 평가에 따라 좋은 것만 취사선택하는 접근이 아니라, 평가를 떠나 사실을 그대로 받아들이고 그 사실들을 기반으로 미래라는 이름의 퍼즐을 맞추어갈 때 장기 전망이 높은 정확도를 갖게 된다.

지난 과거의 좋고 나쁜 일을 모두 가감 없이 이어왔기 때문에 우리가 태어난 대한민국의 미래 전망을 희망을 품고 바라볼 수 있다. 분명 위기가 찾아오겠지만 발상의 전환이 위기를 기회로 바꾸는 원동력이 될 것이다.

앞으로 10년 경제 대위기가 온다

초판 1쇄 발행 · 2019년 12월 10일

지은이 · 정동희
펴낸이 · 김동하

책임편집 · 김원희
기획편집 · 양현경
온라인마케팅 · 이인애

펴낸곳 · 책들의정원
출판신고 · 2015년 1월 14일 제2016-000120호
주소 · (03955) 서울시 마포구 방울내로9안길 32, 2층(망원동)
문의 · (070) 7853-8600
팩스 · (02) 6020-8601
이메일 · books-garden1@naver.com
포스트 ·post.naver.com/books-garden1

ISBN · 979-11-6416-040-2 03320